读懂乡村振兴与乡村金融

贝多广　曾恋云　著

中信出版集团｜北京

图书在版编目（CIP）数据

读懂乡村振兴与乡村金融 / 贝多广，曾恋云著 .
北京：中信出版社，2025.4. -- ISBN 978-7-5217
-7458-0
Ⅰ.F320.3; F832.35
中国国家版本馆 CIP 数据核字第 20252YW149 号

读懂乡村振兴与乡村金融
著者：　　贝多广　曾恋云
出版发行：中信出版集团股份有限公司
　　　　　（北京市朝阳区东三环北路 27 号嘉铭中心　邮编　100020）
承印者：　嘉业印刷（天津）有限公司

开本：787mm×1092mm 1/16　　印张：17.5　　字数：173 千字
版次：2025 年 4 月第 1 版　　　　印次：2025 年 4 月第 1 次印刷
书号：ISBN 978-7-5217-7458-0
定价：79.00 元

版权所有·侵权必究
如有印刷、装订问题，本公司负责调换。
服务热线：400-600-8099
投稿邮箱：author@citicpub.com

前言

从农村金融到乡村金融，是一次飞跃；把乡村金融放到乡村振兴背景下来讨论，是一次拓宽。40多年的经济改革已经让中国进入现代意义上的小康国家，但是，缩小城乡差距仍然是中国发展历程中最难啃的一块骨头。当前，中国正在推进的几项国家战略中，乡村振兴战略无疑是最重要的战略之一。尽管过去数十年中各种扶农助农建设新农村的措施屡见不鲜，但这次乡村振兴的立足点和视野与以往相比确实发生了实质性变化。我们不得不正视的现实是：第一，我国国内生产总值中的农业产值只占到10%以下，即使在农业大省这一比例也多为个位数；第二，农民家庭收入中农业收入占比越来越低，非农收入变得日益重要；第三，农村人口普遍外流，村庄在相当程度上呈现空心化趋势，越来越多的农民事实上以城镇作为生活基地。可见，中国的乡村已经而且还将继续发生深刻的结构性变化。正是在这样的大背景下，乡村振兴战略的目标本质上不是像有些人理解的去振兴每一个村庄，而是继续促进农业生产的规模化发展，顺应务农人员减少的历史趋势，推动农村向城乡融合的愿景演进，以实现县域经济社会平衡发展的宏伟目标。

中国农村相对落后的原因众多，金融服务匮乏肯定是其中一项不可忽略的因素。在土地、资本、劳动力三项基本生产要素中，最显著的现象就是在需要资本的乡村领域，实际上长期存在着资本外流，即资本从中西部流向东部发达地区，资本从农村流向城市，资本从农村金融机构流向主要为城市经济服务的资本市场。从这一意义上说，乡村振兴战略的实现有赖于乡村金融的重构，以扭转乡村资本长期外流的局面。

中华人民共和国成立以来，农村金融体系建立在几乎全覆盖的农村信用社基础之上，虽曲折坎坷，历经沧桑，其效率褒贬不一，但这套体系至今仍然在发挥最基层、最基本的金融服务功能。特别在普惠金融快速发展阶段，以解决"最后一公里"问题为导向的金融服务得以比较全面深入地发展，在微观层面取得了可喜的成绩，也有不少优秀的样板，其中数字普惠金融发挥了不可磨灭的作用。在宏观层面，为响应普惠金融和乡村振兴的战略号召，众多大型银行纷纷下沉，虽在较大程度上带来人们对银行业竞争格局的困惑，但客观上有利于资金向乡村倾斜，从一定程度上改变了资金外流的倾向。当然，大型银行下沉给我们呈现出银行业竞争格局的新态势，乡村中小银行艰难求生，以至于担忧未来的长期发展趋势。大型银行下沉究竟利大还是弊大，有待实践中的总结和学术上的研究。

就跟普惠金融一样，对乡村金融的认识绝不要停留在提供生产性甚至消费性资金上那么简单，普惠金融的精髓在于为全社会提供公平的资源机会，比如同等教育和医疗的机会、职业发展的机会和创业投资的机会等。普惠金融重在"造血"而不是"输血"，也就是帮助中小微弱的能力建设，乡村金融也是如此。从本质上说，无论普惠金融还是乡村金融，其宗旨都是在于社会结构的良性调整，也就是将贫富悬殊的金字塔形社会转化成以中等阶层占比为主的橄榄形社会。

乡村金融源于农村金融，但不是农村金融的简单升级拓宽，而是需要认识上的升华和实践中的创新。以往我们经常在农村金融究竟归属于商业性金融还是政策性金融这类问题上举棋不定，左右为难。纵观全球各国经验，我们必须认清乡村的特殊性，即乡村社会经济具有的双重性——社区综合平衡发展与市场可持续增长两者不可偏废，必须双重目标都达成。我们通过观察发现，在乡村金融中，当前的短板主要在三个方面：一是乡村金融机构的定位比较模糊，根据世界各国的经验，乡村有必要专门立法建立一种长期专注于乡村事业的金融机构，它既不是纯粹受《巴塞尔协议》制约的商业银行，也不是完全依赖政府财政资助的政策性金融机构，而是以社会和商业双重目标为基础的特殊社区金融机构；二是普惠保险有待广泛发展，以完善乡村居民的基本生产生活保障，增强抵御风险的韧性；三是需要建立更多的创业投资基金，让每位乡民（特别是返乡农民工）都有机会成为创业者而不仅仅是打工者。

乡村是一个特殊的有限竞争市场，市场失灵现象如何克服，这是全世界都关心和一直在研究的难题。从最前沿的国际动向来看，人们探讨较多的是社会公益资本和善心资本（包括各级地方政府）参与合作商业资本共同携手前行，形成混合融资形式的运作。这虽是一道难题，但也是一项不可回避的任务，我国在这方面的探索可能是全球范围内做得最多的，但仍然有创新和突破的空间。

本书不是一本学术专著，不过它也反映了我们近几年的思考和观察。将其作为一本通俗读物呈现出来，旨在能够触达更多读者，以期引发城乡内外的有识之士都来思考和讨论这一话题，共同推进中国的乡村金融建设。

贝多广

2025年3月于北京西单

目录

第一部分 重新认识乡村及其发展

第一章 乡村振兴的大视野 / 3
　　乡村振兴，我们需要振兴的是什么？ / 3
　　乡村发展关键而持续的挑战 / 10
　　是否有"万能良药"？ / 15

第二章 如何理解乡村振兴与乡村金融中的"乡村" / 17
　　为什么不是"农村振兴"？ / 18
　　作为一个地域概念，乡村的广袤或许超出你想象 / 22
　　为什么县域是实现乡村振兴的重要载体？ / 27

第三章 认识今日乡村经济主体及其金融需求 / 32
　　谁是今日乡村经济主体？ / 33

乡村经济主体的经济特征 / 36

乡村经济主体的金融需求 / 45

第二部分 以生态体系的视角看待乡村金融

第四章　何谓乡村金融生态体系 / 53

从"农村金融"到"乡村金融" / 54

认识乡村金融的生态体系 / 56

第五章　"支付+"是不是过气热词 / 62

世界领先的"村村通" / 62

从"通"到"用" / 64

理解乡村"支付+"尚未实现的潜力 / 65

乡村支付"毛细血管"的升级 / 67

支付+公共服务 / 70

第六章　乡村的韧性从何而来 / 73

当意外和疾病可以轻易吞噬一个家庭的财富 / 74

普惠保险可能比普惠贷款更重要 / 76

乡村家庭的风险及其保险保障需求 / 78

乡村小微经营者的风险及其保险需求 / 83

普惠保险的中国机会：规模效应与保险科技 / 86

第七章　乡村也可以有财富管理服务 / 88

理而有财，还是有财再理？ / 88

不妨开一点脑洞："乡村私人银行"了解一下 / 91

第八章　创投也有"乡村版" / 97
　　打工还是创业？ / 97
　　以广义视角看创投 / 98
　　扎根乡村社区的风险投资 / 101
　　不止于信贷的小额信贷 / 104

第九章　乡村金融离不开资本市场 / 106
　　多层次股权市场 / 106
　　债券发行和资产证券化 / 110
　　衍生品市场 / 120

第三部分　乡村金融的道与术

第十章　乡村金融难在哪里 / 127
　　乡村金融的"最后一公里"问题 / 127
　　触达"最后一公里"的基本服务模式 / 133
　　"最后一公里"问题的现实挑战 / 138
　　"最后一公里"问题的解决思路 / 148
　　数字时代的"最后一公里"物理网点有何意义？ / 157

第十一章　乡村贷款利率越低越好吗 / 161
　　从城市到乡村："现金贷"替代产品的现实需求 / 161
　　如何看待"现金贷"替代产品的利率？ / 169
　　如何看待生产性小额贷款的利率？ / 173
　　低价更重要，还是可持续的金融机会更重要？ / 180

如何降低利率而不伤害市场活力？／183

第十二章　乡村金融如何提升规模效应　／185

聚合供应模式有哪些类型？／185

如何弥补乡村小银行的规模劣势？／192

第十三章　乡村金融的发展可以完全依靠利润最大化的机构吗　／202

自由市场中的"双重目标"／202

超越利润最大化的乡村金融渊源：双重目标农业

　　金融／204

从双重目标农业金融到双重目标乡村金融／218

双重目标金融出现的契机：利润驱动为主的金融难以

　　满足乡村发展需求／222

如何推动双重目标金融在乡村的良性生长？／225

第十四章　如何打造乡村金融的优质生态　／249

明确定位／249

构建基础设施／253

活化乡村金融市场／259

布局能力建设长效机制／261

第一部分
重新认识乡村及其发展

第一章　乡村振兴的大视野

乡村振兴，我们需要振兴的是什么？

乡村振兴，我们需要振兴的是什么？难道不是乡村吗？或者是农业？农民？

假如我们所面对的乡村是一片沙漠

闭上眼睛想象一下，你脑海中的理想乡村是何种模样？是秀美山川、良田硕果，还是热闹集市？这是容易想到的场景。

可是，如果我们面对的乡村正好是一片沙漠呢？这该怎么振兴呢？可以振兴成我们理想中的样子吗？

要回答这些问题，我们首先需要明确一个关键条件——这片沙漠里是否有人居住或者谋生？

如果没有，我们大抵不需要振兴一片无人区，而是要管理生态，提醒旅人无人区之险。

如果有，我们应该如何振兴这片沙漠？在气候恶劣、险象环生的大漠里，我们最先想到的，显然不会是铺路架桥，而是这大漠里的人。这里有多少人？他们过着怎样的生活？通过什么手段谋生？目前最缺乏什么发展条件？我们想到的，是如何让这里的人日子过得更好一点。

这个例子虽然特殊，却可以帮助我们来思考乡村振兴的本质。

当我们将情境设置在大漠中时，会自然而然地去关注有没有人、人过得怎么样。那如果换一个环境呢？在一个农业、工业、服务业都发展得普普通通的县城，乡村振兴要从何做起？最终要实现的目标是什么？是提高标准农田的数量？是宽敞干净的街道？还是亮眼的GDP（国内生产总值，这里指地区生产总值）？我们可以进一步追问，为什么需要高标准农田？为什么需要宽敞干净的街道？为什么需要GDP增长？当我们继续追问下去，会发现发展经济、壮大产业都不是目的，而是让乡村里的人过得更好的手段。

所以，乡村振兴，需要振兴的是人。用最朴实的话来表达就是：乡村振兴，是要让在乡村居住或者谋生的人过得好。这同样也是发展的本质。

无论是农业要变强，还是乡村要产业振兴、生态振兴，都是为了让人过得好。

什么叫作"过得好"？

问题又来了，什么叫作"过得好"？

我们常说，如人饮水，冷暖自知。一个人过得好不好，他人似乎不适合来评价，这让这个问题显得很难回答。

不过，虽然发展的难题很多，但致力于研究和推动发展的学者与国际组织也不少。下面谈到的两个度量体系就在很大程度上解决了他人如何"知冷暖"的问题：一个是联合国开发计划署（UNDP）编制的人类发展指数（Human Development Index，HDI），另一个是《世界幸福报告》所采用的基于坎特里尔阶梯（Cantril Ladder）指数的生活评价和情绪评估。讨论这两个指数并不是为了研究其中的技术细节，而是为了从中获得对于乡村发展的启示。

1. 人类发展指数：生活之好有长度、有高度、能实现

由于我们想要度量的常常包含一些看不见、摸不到，或者说比较抽象、难以精确定义的对象，如"人类发展"和"幸福"，指标设计和数据收集往往面临挑战，现实中几乎没有完美的指数。[1] 然而，我们不能因为工具的不完美而停下脚步。实际上，不完美的指数也可以给我们很好的启发，甚至可以说，人类发展

---

① 如果大家有兴趣去深究指数的基础指标，可能会觉得它们并不是普适的或者尽善尽美的。例如，人类发展指数的"知识"维度的基础指标是预期和平均受学校教育年限。我们很容易就可以举出反例来挑战这样的指标。且不说受学校教育年限越多并不能保证知识越多，当下也有越来越多关于教育的反思：知识之海浩瀚无边，对知识的好奇以及获取和处理知识的能力比上了多少年学、有多少知识存在于脑子里更加重要。

指数的三个维度为我们生动地描述了"过得好"的努力方向。

人类发展指数由预期寿命指数、教育指数和国民收入指数综合而成，分别代表"健康而长寿的生命""知识""体面的生活水平"。这启发我们如何才能过得好。

首先要活着，活得健康、长寿，这样"过得好"的总量才会更大；其次要有本领，拥有"过得好"的人力资本，或者说创造好生活的潜力，如此才能持续地实现自我发展，使在不同时间点上"过得好"的幅度更大；最后，通过经济环境、社会体系与个人条件的综合作用，达到体面的生活水平。

相应地，我们可以将人类发展指数想象成一个面积图，曲线上的每个点对应的是每个时期的生活水平，"有本领"推动曲线呈现向上的趋势，"健康长寿"让曲线跨越更广的横坐标区间，最终让生活之好占领更大的面积。

值得一提的是，在人力资本理论中，不仅仅知识、能力被视为人力资本，健康长寿也是人力资本的基本内涵。所以我们可以看到，构建人力资本是"过得好"的关键之一。而另一个关键则是让人力资本有发挥作用、创造价值的机会和环境。

由于城乡二元经济结构的存在，过去几十年来，城市不仅有数量更多、收入更高的工作机会，也有更好的教育、医疗、社会保障条件。从乡村到城市的迁徙，既是乡村居民的人力资本匹配生产条件的重要途径，也是他们寄希望于提升自身和后代人力资本的道路。最终体现在数据上，是我国乡村人口占比从1960年的 84%①下降到 2024 年的 33%②。

在乡村振兴的进程中，人口迁徙仍将持续下去，只是社会经济条件的改变可能正在使其从大规模城市化向城乡融合阶段转换。当大城市的基础设施、公共服务与自然条件无法支持和吸收更多人口时，新的面向中小城镇的迁徙就会拉开帷幕。

所以，将乡村振兴放到整个社会经济发展的大背景下来审视，我们需要认识到，乡村的人力资本不会停止寻找发挥作用、创造价值、获得提升的机会和环境。任何县城、乡镇、村庄想要留住和保持人力资本，最基本的都是需要提供人力资本能够发挥作用的生产环境，生产效率和人力资本收益要向减少人力流失的方向发展，并且形成相对体面的教育、医疗和社会保障条件。

2. 生活评价和情绪评估：探索幸福快乐的种种源泉

如果说人类发展指数代表了"过得好"的"大方向"，那么《世界幸福报告》采用的生活评价、积极和消极情绪评估则是进一步深入主观层面，代表着人们对自我生活状况的锚定。虽然这种评价看似充满了"自知冷暖"的个体差异，却与环境条件密切相关。历年来的《世界幸福报告》通过探索不同的主题，为我们揭示了幸福快乐的种种源泉。乡村振兴既然是一个关注人过得好

---

① 数据来源于世界银行。
② 国家统计局 2025 年 1 月公布的数据显示，2024 年末，我国常住人口城镇化率为 67%，相应的乡村常住人口比例为 33%。

不好的发展议题，我们就应该及早将有助于创造幸福快乐的理念与原则融入乡村发展的政策和举措中。并且，从接下来的讨论中大家可以看到，这些理念与原则并不是虚无缥缈的，而是对经济运行机制和社会关系有着深刻的指导意义。

简单地说，基于坎特里尔阶梯指数的生活评价要求，受访者想象一个十级阶梯，最好和最差的生活分别在阶梯顶端和底端，受访者在 0 到 10 的范围内给自己目前的生活打分，是对现阶段生活幸福或者说满意度的综合评价（以下简写为"生活幸福"）。情绪评估则分别询问受访者关于积极和消极情绪的问题，是对前一天欢笑、感到享受、做有兴趣的事情，或感到担忧、悲伤、愤怒的情况进行评估，[①] 我们可以将其理解为受访者是否快乐的一种时点状态评估。

《世界幸福报告 2023》对 2005 年以来 156 个国家、共 18 年数据的汇总分析[②]显示，经济条件的好与坏，确实会影响人们对生活幸福/生活满意度的评价，但并不与人们快乐与否显著相关。[③]

那么，哪些因素与快乐息息相关呢？数据告诉我们，当我们

[①] 参见《世界幸福报告 2023》附录，https：//happiness-report.s3.amazonaws.com/2023/WHR+23_Statistical_Appendix.pdf。

[②] 报告作者将 2005—2022 年的调查数据归集为非平衡面板数据进行回归分析，结果参见《世界幸福报告 2023》表 2.1。

[③] 以人均 GDP 为代表的经济状况确实对生活幸福有非常显著的影响，但并不影响是否快乐（积极和消极情绪）。

遇到困难时有亲戚朋友可以寻求帮助，当我们有做人生选择的自由时，当我们关心他人、慷慨地进行捐赠时，我们会更快乐；而当我们认为政府或商业中充满贪腐的时候，我们的情绪会变得消极。

如果仅从关注社会发展、乡村发展的角度出发，我们是否只需要关注生活质量，而忽视人们快乐与否呢？答案是不可以。因为当人们感到快乐，他们对生活质量的评价会明显提升。

综合来看，《世界幸福报告》近20年来的数据揭示了：要让人们对生活满意，除了经济条件良好，还有健康长寿的生命、人与人之间的互相关爱、做人生选择的自由、政府与商业的廉洁环境，以及快乐的情绪，这些因素都非常重要。

这与前文中提到的人类发展指数的三个维度遥相呼应，因为人们的教育程度、知识水平，以及发挥人力资本价值的环境和机会，在很大程度上体现为做人生选择的自由，并且和政府与商业的廉洁环境密切相关。

"过得好"的理想乡村

经过前面的讨论，我们可以看到，从客观到主观，"过得好"是有迹可循的。首先，人们要具有构建和提升人力资本的机会，表现为健康的优化、寿命的延长和知识能力的增长。其次，人力资本有发挥价值的环境，表现为有做人生选择的自由、廉洁的政治和商业环境，以及能够实现体面生活的经济条件。最后，"过得好"还需要人与人之间的关怀，表现为人们需要帮助时可以从亲戚、朋友甚至陌生人处获得社会支持，同时也愿意给予并从给予中获得幸福感。

所以，回到一个常见问题上：乡村振兴，可否直接从发展经济、发展产业入手呢？答案或许是：可以，也不可以。

发展经济、发展产业是必要的，却是手段，而不是目的，关键在于我们如何制定经济目标，也就是"出发点"和"落脚点"问题。我们需要将对乡村居民"过得好"的理解转化成乡村发展的政策和行动。

乡村发展关键而持续的挑战

当明确了理想乡村的样子，我们来放眼全世界，看看有没有可以借鉴的经验，有没有可以跟着走就能到达理想乡村的路子。

然而我们看到的是，乡村发展的挑战是持续存在的，而且这种挑战并不局限于发展中国家，即使是城乡收入差距已经相对较小的发达国家，仍然在持续地通过一系列政策和机制探索来应对乡村发展难题。这是因为乡村发展所面临的一些挑战是关键而持续的，特别体现在农业天然具有的公共属性和特殊风险性，以及乡村人口稀少对产业规模经济和公共品供给的挑战上。

农业的公共属性和特殊风险性

虽然每个国家都有不太相同的农业基础条件、农业发展战略和政策，但对绝大部分国家而言，农业都是一个具有公共属性的特殊部门。仅仅从农业提供食物和众多原材料这一点来看，它就是一个关乎经济社会稳定的产业。与此同时，农业又面临自然、市场等多重风险，加剧了这个具有公共属性部门的脆弱性。因此，无论农业产值占比多少，它都是乡村发展的一个关键点。

在当下的世界中，很难有国家可以单靠自己生产的农产品来满足国内所有需求，而新冠疫情在全球扩散以及地缘政治冲突给过去数十年的全球化"常识"敲响了警钟，进一步凸显了农业对一国而言的公共属性。

诺贝尔经济学奖获得者阿马蒂亚·森的研究告诉我们，历史上发生的大饥荒不是真的因为这个世界缺乏喂饱人们的食物，而是人们因为种种原因无法顺畅地获取食物。[1] 以荷兰为例，这个国土面积约为德国1/9的国家不仅大量出口人们熟知的郁金香等新鲜花卉，还向欧洲和世界其他国家大量出口蔬菜、肉和奶制品。荷兰如今之所以成为世界第二大农产品出口国，很大程度上源自其在第二次世界大战期间经历过的饥荒。1944年冬至1945

---

[1] Sen, A. (1981). *Poverty and Famines: An Essay on Entitlement and Deprivation*. Oxford University Press.

年春，因为纳粹切断了荷兰西部的粮食供应，德军占领下的荷兰爆发了大饥荒。这次饥荒让荷兰产生了壮大农业与食品产业发展的强烈动机。不仅如此，当前更加频繁的极热、极寒、干旱、洪涝等极端天气加剧了世界各国农业的风险性，近期减少碳氨排放、氮沉降的挑战也正让以高科技、高密度养殖著称的荷兰农民无所适从。这让我们看到，即使在农业科技已经非常先进的国家，农业天然的公共属性和风险性使得其在每个时代的乡村发展中都是一个特殊部分。

乡村人口稀少对产业规模经济和公共品供给的挑战

从世界银行有数据记录的过去 60 年来看，世界上绝大多数国家都处在持续的城镇化进程中。不仅乡村人口减少是过去几十年来的趋势，而且从世界银行和许多国家对"乡村"的定义来看，乡村本就是人口相对稀少的地方。

例如，世界银行 2005 年的政策研究成果《量化拉丁美洲和加勒比地区的城乡梯度》[1] 就根据人口密度和与大城市的距离提出了乡村的操作性定义。该文作者认为，随着这两个指标的变化，经济活动和所需政策措施会有很大的不同。

又如，美国人口普查局（Census Bureau）2012 年发布的标准

---

[1] Chomitz, K. M., Buys, P., & Thomas, T. S. (2005). *Quantifying the rural-urban gradient in Latin America and the Caribbean* (Vol. 3634). World Bank Publications.

将乡村定义为居民少于 2500 人的空旷地带和定居点。根据这样的定义，美国乡村人口占比低于 20%，却分布在占比超过 90%的土地上，将地广人稀的特征体现得淋漓尽致。

类似地，荷兰中央统计局将乡村定义为"周边地址密度低于每平方千米 1000 个的区域"；①德国联邦统计局将乡村界定为"密度低于每平方千米 100 名居民的地区"；② 日本统计局将"人口稠密区"定义为城市，城市以外是乡村。③

人口的减少以及未来可预期的人口稀少状态意味着乡村地区很大概率会面临这种"人口常态"——更少，或者相对较少。因为根据上述城乡界定，我们假设有一个乡村吸引了很多新居民，而当居民稠密到一定程度，这个地方就可能被划归为城市，也就是说，人口相对较少才是乡村。

相应地，乡村的许多产业需要解决规模经济的问题。相较于工业企业通常具有一整套的运营方案，往往还会给乡村带来批量的、较高收入的工作岗位，服务业和公共品的供给面临着更大的挑战。例如，德国政府 2017 年发布的《德国福

---

① 参考荷兰中央统计局官网：https：//www.cbs.nl/en-gb/our-services/methods/definitions/rural-area#:~:text=Area%20with%20a%20surrounding%20address,%20000%20per%20square%20kilometre。
② Heineberg, Heinz (2018): Stadt. In: ARL-Akademie für Raumforschung und Landesplanung (Hrsg.): Handwörterbuch der Stadt- und Raumentwicklung. Hannover, 2231–2243.
③ 参考日本统计局官网：https：//www.stat.go.jp/english/data/chiri/did/1-1.html。

祉报告》①展示了德国居民与政府关于福祉的对话。围绕乡村居民福祉，报告提到"乡村居民倾向于使用自己的汽车上班，原因之一是缺乏良好的公共交通覆盖""乡村地区尤其需要扩大儿童保育覆盖面""参与对话者特别关注……保持乡村地区的学校开放""前往最近的全科医院的路程最长的居民通常位于偏远的乡村地区"。

在此基础上，乡村人口减少往往还具有一定的结构性变化，例如年轻人减少，以及相应伴随的老龄化加剧。这意味着乡村医疗和养老基础设施需要得到特别关注。美国人口普查局2019年发布的一份报告显示，65岁以上的居民在乡村人口中占比17.5%，而在城市人口中这一比例为13.8%。② 2022年美国乡村和少数民族健康研究中心的调查简报③指出，乡村邮政编码列表区域中，有10.3%没有任何家庭保健机构提供服务，边境和偏远地区获得家庭保健的机会最少。而在日本，乡村地区传统上存在由儿媳照顾公婆的习俗，可过去几十年来，由于男女平等观念的普及以及更多的教育和就业机会，更多乡村年轻人选择晚婚、少婚，导致乡村地区45~55岁的单身人士占据越来越高的比例，这

---

① 参考 https://www.gut-leben-in-deutschland.de/downloads/Government-Report-on-Wellbeing-in-Germany.pdf。

② 参考 https://www.census.gov/content/dam/Census/library/publications/2019/acs/acs-41.pdf。

③ 参考 https://sc.edu/study/colleges_schools/public_health/research/research_centers/sc_rural_health_research_center/documents/homehealthmrgprobst81922.pdf。

又对未来几十年乡村老龄人群医疗和公共护理服务形成了更大的挑战。[①]

是否有"万能良药"？

乡村振兴都有"关键而持续的挑战"了，我们还可能有"万能良药"吗？

先来看看乡村振兴都有哪些具体措施。有些乡村缺少就业机会，可能需要调整产业结构，活化创业环境；有些乡村医疗、教育资源稀缺，可能需要创新地解决一些公共品供给问题；有些乡村环境污染存在遗留问题，可能需要生态重建；有些乡村历史悠久，颇有古迹遗留，但损坏严重，可能需要保护性开发……

我国2800余个县级行政区、近70万个行政村，不用说每个县面临的发展问题有多复杂，一个村的难题就不只一个，而且还会不断变化。这启发我们，"良药"不可能是一粒服下就见效的神奇药丸，而是一种长期存在，并且不断进化的生产、生活支持。

让金融与乡村一同进化

无论是产业发展、活化创业、改善医疗和教育条件，还是生

[①] Tanaka, K., & Iwasawa, M. (2010). Aging in rural Japan-limitations in the current social care policy. *Journal of Aging & Social Policy*, 22 (4), 394–406.

态环境保护，都离不开金融资源的支持。但多年来乡村发展的经验告诉我们，有钱很重要，可是不是有钱就能把事办好。况且，我们的目标远大，需要金融在县域、乡村长期存在，并且随乡村发展而一同进化。

这就接上了本书的主题：我们需要什么样的乡村金融？

既然一切都在变化，本书自然成不了一本"字典"或者"百科全书"。可我们需要找到一些"不变"来应对变化，这就是本书想要提供的思路——探讨一些可以让乡村金融良性进化的关键问题。

我们将会探讨：应该如何看待乡村，才能实现乡村的全面振兴？乡村经济主体有何经济特征，他们有怎样的金融需求？什么是乡村金融？乡村金融意味着怎样的生态体系？乡村金融难在哪里？乡村贷款利率是越低越好吗？乡村金融如何实现规模效应？乡村金融发展可以完全依靠利润最大化的金融机构吗？以及我们需要如何打造乡村金融的优质生态？

第二章　如何理解乡村振兴与乡村金融中的"乡村"

推动城市之外发展与金融议题的中文措辞从"农村"迁移到"乡村"是本书的重要任务之一。目前市面上以"乡村金融"为主题的著作还非常少，但以"农村金融"为题的却很多。为什么我们想要推动这种语境的变化？是否只是新瓶装旧酒似的改个名头呢？本章将尝试剖析：当谈到"乡村"的时候，我们是在说什么？我们应该如何理解乡村振兴与乡村金融中的"乡村"？为什么我们说"乡村振兴"，而不是说"农村振兴"？乡村金融与农村金融/"三农"金融有何联系与区别？乡村振兴和乡村金融的着力点在哪里？梳理这些问题并不是为了学究式的辩论，而是因为从多年对普惠金融的观察和研究中我们逐渐意识到，我们需要一个更立体的生态系统框架来理解乡村发展和乡村金融。

为什么不是"农村振兴"？

城市之外是什么地方？

如果我们随机询问身边的人，"城市之外是什么地方？"大概率会得到的答案是"农村"，这是我们至今依旧保留的习惯性称谓。

类似地，说起乡村发展，我们必定绕不开"三农"问题——农业、农村、农民。后两个都是围绕"农业"的名词："农民"是从事农业生产的居民，"农村"则是居民主要从事农业生产的地方。

这给我们留下一种印象，即农业就是乡村的代表产业，务农就是"村里人"干的事情。

实际上，如果将时间倒回到工商业、公共服务业发展还非常有限的时代，我们不会有区分"农村"与"乡村"的需求，因为那时在城市之外的地方，居民主要从事的工作就是农业生产，这也是过去我们将"乡村"称为"农村"的重要原因。

"乡村"不再只是"农村"

随着非农产业的发展，在如今的中国城市之外，农业产值和居民农业收入所占据的比例已经不足以使大部分地域被称为"农村"。

我们可以以全国闻名的农业大县为例。作为全国最大的蔬菜生产基地，山东寿光①拥有多达 40 000 公顷（60 万亩）的大棚蔬菜种植面积。这些大棚在卫星影像中宛如白色海洋般壮观。与此同时，寿光也是目前全国乃至亚洲最大的蔬菜集散中心和价格形成中心。在如此耀眼的光环下，寿光的农业在其地区经济结构中是怎样的地位呢？《2023 年寿光市国民经济和社会发展统计公报》显示，2023 年寿光农林牧渔业总产值 253.4 亿元，只占地区生产总值（GDP）1028.7 亿元的约 1/4，并且这已经包含了二、三产业中涉及农林牧渔业的部分。如果只看第一产业增加值占比，更只有 13.4%（137.5 亿元）。

寿光的数据让我们看到，即使是农业大县，农林牧渔业所占产值的比重也只是小部分。全国平均而言，农业产值占比则更低。2023 年，我国第一产业增加值②占 GDP 之比为 7.1%。这与世界银行指标"农林牧渔业增加值占 GDP 之比"③的中国数据接近，2022 年为 7.3%。

不仅农业产值占比在我国经济总量中呈现逐渐下降的趋势，从事农业生产经营也很可能不是农户的主要收入来源。我们曾经

---

① 寿光市是山东省潍坊市下属的县级市。
② 参考《中华人民共和国 2023 年国民经济和社会发展统计公报》，初步核算结果显示，我国第一产业增加值为 89 755 亿元，全年国内生产总值 1 260 582 亿元。
③ 农林牧渔业增加值占 GDP 之比即 Agriculture, forestry, and fishing, value added（% of GDP），参考 https：//data.worldbank.org/indicator/NV.AGR.TOTL.ZS?locations＝CN。

第二章　如何理解乡村振兴与乡村金融中的"乡村"　　19

使用中国家庭金融调查数据①进行计算，发现在所有从事农业生产经营的家庭中，非农收入占比中位数高达86.8%。② 这也与我们多年来的调研经验相符——即使是没有长期外出做"农民工"、或多或少务农的乡村居民，也会抓住一切机会在家附近找零工做以增加收入。

这并不是中国独有的现象

事实上，从世界各国的经验来看，国家收入水平越高，农林牧渔业增加值占GDP之比越低。世界银行的数据③显示，截至2021年，高收入国家农林牧渔业增加值占GDP的比重为1.3%，中高收入国家为7%，中等收入国家为8.9%，而低收入国家为26.3%。

从美国的例子我们也可以看到，乡村确实具有一定的农业特征，但无论从就业比例还是产值比例来看，美国的农业都远不是乡村的主要产业。不仅如此，接近半数的美国农业就业实际上是在城市而不是乡村。这意味着，我们甚至不能说美国的农业生产大部分发生在乡村。

---

① 此处使用的数据来自西南财经大学中国家庭金融调查与研究中心组织管理的"中国家庭金融调查"项目（CHFS）2019年数据。
② 此比例计算结果包含负数和大于1的数，因为总收入和细分收入项都可能为负值，主要由工商业、农业等经营亏损造成。
③ 参考 https：//data.worldbank.org/indicator/NV.AGR.TOTL.ZS?locations=XD-XT-XP-XM。

在农产品出口额全球第一的美国，农业就业人员占就业总数的比例自 1999 年以来一直约为 2%。到 2021 年，美国农业就业仅占总体就业的 1.7%;[①] 在美国的非都市区[②]，农业就业占总体就业的 5.6%[③]。从对 GDP 的贡献来看，2021 年美国农业增加值在总体 GDP 中的占比为 1%[④]，在非都市区 GDP 中的占比为 4.8%[⑤]。即使是在与都市区不毗邻、人口少于 2500 人的乡村地区，农业就业人口占比确实是最高的，也仅为 17%左右。[⑥] 值得注意的是，美国的农业就业远非由乡村独占，有接近半数（49%）的农业就业实际上是发生在都市区的。[⑦]

所以，回到乡村振兴的视野下，我们需要看到，这一大片

[①] 数据来源于世界银行。

[②] 即 nonmetro area。美国人口调查局根据人口数量、人口密度、土地使用特征、与都市区的距离等指标划分了多层的城乡圈层。都市区的人口数量为 5 万居民及以上，窄口径的乡村（rural）划分标准是 2500 居民以下。在做研究分析和政策制定时，常见相关政府部门根据人口数量等指标对都市区和非都市区做进一步细分。参考 https://www.census.gov/content/dam/Census/library/publications/2016/acs/acsgeo-1.pdf；https://www.americanprogress.org/article/redefining-rural-america/。

[③] 参考 https://www.federalreserve.gov/econres/notes/feds-notes/changes-in-the-us-economy-and-rural-urban-employment-disparities-20240119.html。

[④] 数据来源于世界银行。

[⑤] White, M. "Agriculture's Contributions to County Economic Activity." farmdoc daily (13): 24, Department of Agricultural and Consumer Economics, University of Illinois at Urbana-Champaign, February 10, 2023.

[⑥] 参考 https://www.americanprogress.org/article/redefining-rural-america/。

[⑦] 参考 https://www.federalreserve.gov/econres/notes/feds-notes/changes-in-the-us-economy-and-rural-urban-employment-disparities-20240119.html。

我们曾经（现在也经常）称为"农村"的地方所具备的现实经济社会特征中——无论是从农业产值占比还是从居民农业收入占比来看，农业都不是大部分乡村的主要产业。我们需要对乡村的现状和发展需求理解得更全面，才能更好地振兴其发展。

作为一个地域概念，乡村的广袤或许超出你想象

认识乡村的广袤

当我们提到一个国家，多半会先想到这个国家的几个重要城市，但大概很少有人清楚地了解，一个国家的所有城市面积加起来，通常只占国土面积的很小很小一部分。

与之相反，乡村占到多大比例呢？

在加总计算的情况下，世界各国的乡村陆地面积占总陆地面积的比例达到98.3%。[①] 所以，我们说城市面积占比"很小很小"是有数据支持的。

[①] 世界银行收录了哥伦比亚大学国际地球科学信息网络中心的评估数据。该中心基于夜间灯光的连续照明单元或缓冲定居点的近似城市范围，定义总人口超过5000人的区域为城市（urban），反之则为乡村（rural）。截至2025年1月，该数据对世界乡村陆地面积（rural land area）的估算仅包含1990年、2000年和2015年三个数据点。根据2015年的数据计算可得，乡村陆地面积/总陆地面积＝98.3%。参考 https：//data.worldbank.org/indicator/AG.LND.TOTL.K2。

从国家来看，在世界银行有统计数据的 263 个国家和地区①中，乡村陆地面积占比低于 70% 的只有 14 个，基本都是面积 1000 平方千米左右或以下的小国或地区，例如，摩纳哥、百慕大、新加坡。而 GDP 排名居世界前 10 位的经济体中，乡村土地面积占比最小的是日本，也有 86.9%，是这一比例低于 90% 的 43 个国家和地区之一。这意味着约有 200 个国家和地区的乡村土地面积占比是高于 90% 的。

这让我们形成一个概念性的认识——乡村的物理性存在是非常广阔的，这在世界上是一种普遍现象。

中国乡村占据绝大部分国土面积

那中国的乡村是怎样的存在呢？

基于不同的政策目标，"乡村"在我国不同官方文件中采用的外延界限划分并不完全相同，却有一致的内涵，即城市之外。这与许多国家对乡村的界定类似——无论是按照人口数量、人口密度还是其他指标进行划分，无论最终采用了什么样的阈值，城市与乡村都是一对互补的地域划分标准。②

2021 年颁布的《中华人民共和国乡村振兴促进法》（以下简

---

① 这 263 个国家和地区除了以主权划分外，还包含一些非主权地区，同时按不同标准分组，如欧元区、大洲划分、收入层级等。
② 需要注意的是，城市和乡村都是有人居住的地域，所以城市与乡村加总并不等于总面积。许多国家的国土面积中都包含少量的无人区。

写为《乡村振兴促进法》)第二条明确将"乡村"界定为：城市建成区①以外具有自然、社会、经济特征和生产、生活、生态、文化等多重功能的地域综合体，包括乡镇和村庄等。也就是说，乡村是"城市建成区以外"的具有一定特征和功能的"地域综合体"。

那么，城市建成区有多大，乡村又有多大呢？

根据住房和城乡建设部发布的《2023年中国城市建设状况公报》，截至 2023 年末，我国城市建成区面积为 6.45 万平方千米，约占总国土面积②的 0.7%。可以看到，如果我们简单地以城市建成区为划分界限，中国国土面积中绝大部分仍然是乡村。当然，乡村的面积占比达不到 99.3% 这么多，因为在上述定义中，还加入了"具有自然、社会、经济特征和生产、生活、生态、文化等多重功能"这样的表述。这实际上提醒我们，乡村是有人的地方。如果按照世界银行提供的 2015 年中国乡村陆地面积计算③，我国乡村陆地面积占比为 90.9%，这毫无疑问可以被称为国土的"绝大部分"。

---

① 根据住房和城乡建设部《城市（县城）和村镇建设统计调查制度》，镇和乡分别都既包含建成区，也包含乡村。参考 https：//www.stats.gov.cn/fw/bmdcxmsp/bmzd/202501/t20250126_1958466.html。

② 中国总陆地面积以 960 万平方千米代入计算。参考 https：//www.gov.cn/guoqing/。

③ 世界银行提供的 2015 年中国乡村陆地面积是 8 723 723 平方千米，此处的比例使用 8 723 723 除以 9 600 000 得到。截至 2025 年 1 月暂无更新数据。

除了《乡村振兴促进法》，常见的涉及"乡村"外延范围的官方文件还包括国家统计局对城乡的划分以及相应的统计数据。为了清晰地反映城乡发展情况，国家统计局每年都会对所有的村（居）委会进行编码分类。这意味着具体到每一个社区，其城乡属性实际上是动态的，尤其是处在城乡交界处的社区更有可能发生变化（见图2.1）。

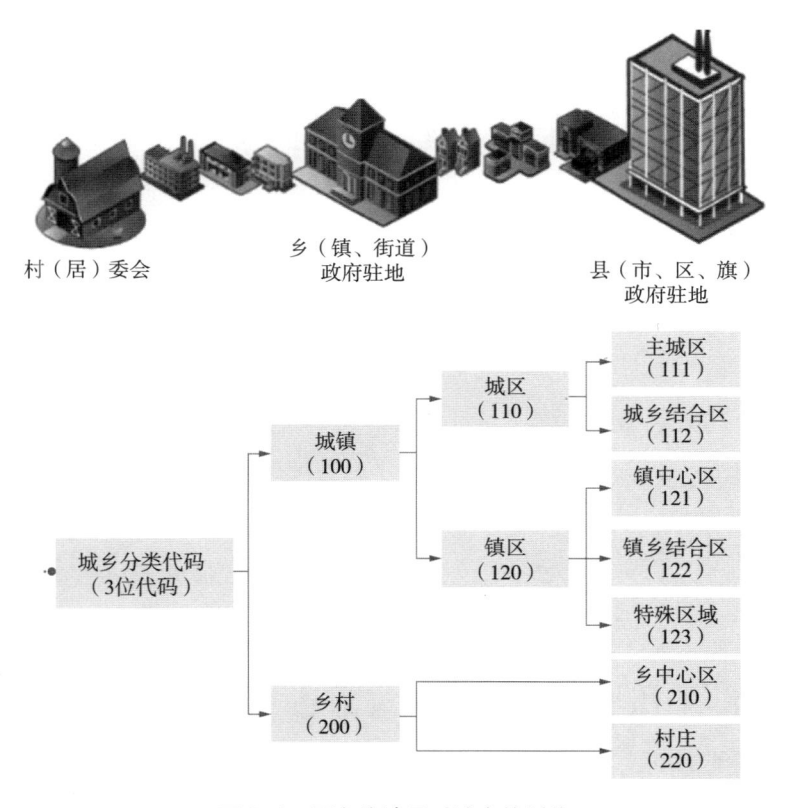

图 2.1 国家统计局对城乡的划分

资料来源：国家统计局《在统计上城乡是如何划分的》，参考 https://www.st-ats.gov.cn/zs/tjws/tjbz/202301/t20230101_1903381.html。

第二章 如何理解乡村振兴与乡村金融中的"乡村"

在方法上,国家统计局"城乡划分工作以村(居)委会等村级单位为划分对象,通过判断村(居)委会驻地、乡(镇、街道)政府驻地、县(市、区、旗)政府驻地之间的实际建设连接情况,将我国的地域划分为城镇和乡村"。[①] 注意这里出现了"城镇"一词,并不是"城市"。从图2.1中可以看到,"城镇"是真的纳入了"镇"——"镇"不属于"乡村"。而乡村是地域末梢的一部分。地域的末梢可能是居委会,属于城镇;也可能是村委会,属于乡村。这种界定方法在一定程度上造成了我们认为乡村是"末梢"的、"小"的印象,但实际上,乡村的地域范围是非常宽广的。

为什么会有乡村外延界定的差异?

从前文的比较中我们可以看到一条明确的信息,即《乡村振兴促进法》和国家统计局对乡村外延的界定有所不同。《乡村振兴促进法》明确提到了"乡镇",而在国家统计局的划分中,乡村是不包含镇区的。

为什么会有这样的差异?

实际上,乡村振兴促进工作和统计工作的职责与目标是不一样的。统计工作按照严格的标准设置阈值,区分好阈值之上、之下的地域单位之后,就可以顺利地进行统计。而乡村振兴归根结

[①] 参考 https://www.stats.gov.cn/zs/tjws/tjbz/202301/t20230101_1903381.html。

底是发展问题，发展项目的边界往往并不是那么清晰，可能是镇与村共同参与，甚至是县乡村联动的。

由此可以联想到前面提到的美国对于城乡的划分标准，除了城市和乡村，还有都市区和非都市区，各自有一定重合却不完全相同，并且往下还有进一步细分，不同的部门和研究可能应用不同的标准。

相应地，我们需要反思：为了实现乡村振兴的宏伟蓝图，政策的着眼点该在哪里？

为什么县域是实现乡村振兴的重要载体？

需要特别强调的是，乡村振兴的着眼点并不只是乡镇与村庄，县域是实现乡村振兴的重要载体，这在事关乡村发展的许多重要文件中都有体现。例如，2024年发布的《中共中央 国务院关于学习运用"千村示范、万村整治"工程经验有力有效推进乡村全面振兴的意见》① 提到"县"高达32次，包括在粮食生产部分关注"产粮大县"，在重点帮扶部分强调"脱贫县"，在流通发展部分提到"县域商业体系""县乡村物流配送体系""县域产地公共冷链物流设施""县域电商直播基地"等。

---

① 即"中央一号文件"，参考 http：//www.moa.gov.cn/ztzl/2024yhwj/2024nzyyhwj/202402/t20240204_6447020.htm。

为什么县域是实现乡村振兴的重要载体呢？我们可以从如下层面理解县域在乡村振兴中的角色。

从地理位置看，县域是连接乡村和城市的纽带

县域作为连接乡村和城市的纽带，在地理位置上具备了城乡融合的特点。在这个过渡区域内，既有城市的影响，如地方政府机关、商业活动集群、交通枢纽等，又保留了乡村的特色，如农田、自然风光等。这种城乡融合的特点使得县域成为实现城乡互动与合作的重要切入点。

县域内通常包括了县城、乡镇和村庄等多层次的行政区划。这些行政区划既有着不同的发展特点，又相互联系、相互依存。县城作为政治、经济、文化中心，集中了各种资源和服务；乡镇作为城乡交汇地，连接了城市和乡村，承担着服务周边村庄的功能；村庄则是农民居住和农业生产的主要场所。这种多层次的行政区划结构使得县域在促进城乡互动、资源共享和协同发展方面发挥着重要作用。

从人口流动看，县域是农业人口活动的重要区域

随着我国城镇化的不断推进和农业现代化生产方式的发展，今后我国从事农业生产的人口会进一步减少，这意味着农民与县城的关系会更加密切。

依据《中国县域统计年鉴 2021》，在建制县，县城以 1/10 的土地吸纳了县域 1/4 的居民，除了有户籍和买房定居的居民，还有超过 10% 的流动人口，他们主要是生活在乡村但是工作在县城的农民。

与此同时，近年来的多个乡村振兴政策文件都提到了推动农业人口市民化的举措，而县域则是提供就业市场和公共服务的重要环节。

从经济发展看，县域层面的资源配置和规模效应至关重要

首先，乡镇与村庄是最小的地域单位和行政级别，在发展战略中更多地扮演执行角色，而县域负有更多的发起发展项目、统筹和调配资源的责任。退一步讲，一个地域单位属于城市还是乡村、是否发生了变化，也是由县级部门汇报到国家层面的，体现了县域的统筹角色。

其次，许多发展举措是需要仰仗规模效应的，就像 2024 年"中央一号文件"中提到的"县域产地公共冷链物流设施""县域电商直播基地"，乡镇和村庄的规模通常难以推动类似的项目落地。

此外，从 1997 年开始，新增的工业用地只被允许安排在县级以上的园区内。除了早期就拥有较好乡镇企业基础的沿海经济发达地区，县域的第二产业大多分布在县城，承担了推动本地经济发展、吸纳乡村居民就业的功能。①

相应地，县域既承受着大中城市的辐射和产业转移，也可以依据地方资源禀赋发展特色一、二、三产业，为辖内居民就近就业提供机会。完整的行政功能使县域可以依照本地特色，因地制宜地规划经济发展，并通过制定政策形成地方特色产业。

以湖南省平江县的重要经济作物中药材为例，我们可以看到县域层面的资源配置和规模效应在该县中药材相关产业的发展中起到的重要作用。

中药材是位于湖南省东北部的平江县的重要农产品。该县出产中药材的历史悠久，产自该县的中药材白术因个头大、药用价值高，400多年前就被明朝隆庆年间的《岳州府志》称为"平术"。在第一产业层面，截至2024年4月，平江县中药材种植面积达到7.9万亩，是湖南省20个中药材种植基地示范县之一。②在第二产业层面，平江县先后培育和引进了北京同仁堂平江公司、金寿制药、仁康堂等一批中药材精深加工企业。③ 此外，近年来平江县委、县政府还成立了由县委副书记、县长为组长的中药材产业发展工作领导小组，先后出台了《平江县关于加快中药

---

① 李铁. 县域经济在乡村振兴中扮演什么角色 | 李铁谈城市 [EB/OL]. 搜狐网, 2021-04-22. https://www.sohu.com/a/462363744_115571.
② 佚名. 童巧珍一行赴平江县开展中药材产业调研 [EB/OL]. (2024-05-01). https://yaoxy.hnucm.edu.cn/info/1044/3597.htm.
③ 参考 https://www.yueyang.gov.cn/xqdt/pjx/content_1767761.html.

材产业发展的实施意见》等系列政策文件，引导全县中药材种植和加工，企业带动合作社成立了产业协会。2020年末，"平江白术"获得了国家农产品地理标志称号。

从平江县中药材产业的发展我们可以看到，如果没有县域层面的作用，其第一产业的规模和第二产业的成长很可能会是不一样的状态。

平江县中药材产业只是我国2800多个县的为数众多的细分产业中的一个例子，现实中的发展项目甚至可能是超越县域范围的。县域较为完整的行政功能和职责也使其有更多机会与市区、他县开展合作。

综上所述，县域在地理位置上是连接乡村和城市的纽带，在人口流动中是农业人口活动的重要区域，在经济发展中发挥着资源配置和规模效应的重要作用。因此，县域是实现乡村振兴的重要载体。

第三章　认识今日乡村经济主体及其金融需求

截至 2023 年末，我国常住人口城镇化率已经达到了 66.2%。[①] 也就是说，乡村经济直接关系到我国 33.8% 人口的生计问题。虽然这个比例的实际人口数量已经超过了除中国和印度外其他所有单个国家的人口数，但是乡村振兴实际涉及的人口，还要远大于这个数量。因为同期我国户籍人口城镇化率约为 48.3%，[②] 这意味着有大量的农民工、灵活就业人员甚至一些"新市民"[③] 实际处在一种不太稳定的状态。他们可能已经在大城市居住了好些年，按照居住半年以上的定义，[④] 他们早已是城市

[①] 参考 https://www.stats.gov.cn/sj/zxfb/202402/t20240228_1947915.html。
[②] 参考 https://cn.chinadaily.com.cn/a/202405/27/WS66541261a3109f7860ddf8b5.html。
[③] 2022 年 3 月，中国银保监会、中国人民银行联合印发《关于加强新市民金融服务工作的通知》（银保监发〔2022〕4 号），将新市民定义为，因本人创业就业、子女上学、投靠子女等原因来到城镇常住，未获得当地户籍或获得当地户籍不满三年的各类群体，包括但不限于进城务工人员、新就业大中专毕业生等。截至发文时约有三亿人。
[④] 常住人口是指实际经常居住在某地区半年以上的人口。参考 https://www.stats.gov.cn/zs/tjws/tjbz/202301/t20230101_1903796.html。

的常住人口，但随时有可能回到乡村。本章将围绕乡村经济主体展开讨论，分析他们的经济特征和金融需求。

谁是今日乡村经济主体？

乡村人口常被形容为"38-61-99"部队，这个表达生动地描绘了一个由妇女、儿童和老人主导的社群，本属于其中的大部分男性青壮年劳动力都外出务工了。少数留在乡村的劳动力，或是为了照顾年迈的家人、年幼的孩子或生病的亲人；或是因为暂时在外地找不到工作；还有一些则是出于自愿，选择守护家园。

在劳动力、自然资源、资本和市场规模的多重限制下，留在乡村的劳动力从事的经济活动多种多样，但大多数仍采用小规模、家庭化的生产模式。这些人在涓涓流逝的岁月中，用他们的勤劳和智慧，维系着家庭的温暖和乡村的生机，他们是乡村文化的守护者，是这片土地永恒的守望者。

在乡村振兴的广阔视野下，我们已不再局限于传统的自然村落，而是将观察范围扩展到了乡镇、县域和城郊。全国抽样调查数据表明，在仍旧从事农业生产的家庭中，非农收入在总收入中的中位数占比高达86.8%。这个数字反映了乡村居民多元化的生活方式和经济活动——他们不仅仅是农业的传承者，更是乡村振兴的推动者，他们用汗水和智慧赋予乡村大地新的生机和活力。

根据单个经济主体的经济规模和市场地位特征，我们可以将乡村经济主体概括为"微弱经济体"，指规模较小、处于市场弱势地位、容易受到排斥的经济主体，包括个体经济、家庭经济、小微型合作经济主体、小微型企业等。微弱经济体可能在有关部门登记注册，也可能没有登记注册，例如自然家庭和未注册的个体户。他们主要依赖于个人或家庭拥有的劳动力、生产资料和资产开展经济生产活动，也可能通过雇佣、租借、转让等途径获得少量劳动力、生产资料和资本来扩大生产经营活动。微弱经济体可以同时从事多个产业的经营活动，也可能同时通过生产资料的出租和参与劳动力市场获得收入。

除了在乡村"地界"活动的大量微弱经济主体，还有一类群体值得特别关注，那就是"农民工"、来自乡村的灵活就业者甚至一些"新市民"。为了生存，为了给家里人攒下更多钱，他们通常在工作选择上充满了"灵活性"。例如，我们曾在2019年末调研过几十位在北京中关村附近工作的外卖员。他们中有大专毕业一边接电脑制图零工、一边兼职跑外卖的，有女性外卖员偶尔也做打扫卫生的零工的，更有不少人跑外卖就是为了攒钱回老家做个小生意的。从收入来看，他们的个人收入通常不算低，但如果透视到其家庭人均收入和社会保障情况，则很可能属于弱势群体。除此之外，他们还可能在农忙的时候短期回村从事农业生产经营。微弱经济体的一个重要特征就是，他们通常还负有家庭教育、关怀、养老和文化传承等方面的责任。

微弱经济体常常是就业机会的创造者,"快速新陈代谢"是人们对微弱经济体活动的一种普遍印象。这种特点一方面可能让微弱经济体处于某种劣势市场地位,比如说,由于资产积累比较少,难以融资以扩大生产;另一方面,微弱经济体对市场变化快速灵活的反应能力,不但使它具有很高的社会创新性和生命力,也为劳动力市场提供了很多新增的就业机会。集业主、决策者、劳动者、受益者于一身的个体户是微弱经济体中的典型代表。在数字时代背景下,越来越多的乡村个体经营者,通过与数字平台建立联系,例如获客、营销、融资等,开展各种形式的经济活动。

从全国范围来看,截至 2022 年末,我国中小微企业数量已超过 5200 万户,比 2018 年末增长 51%。[①] 中小微企业数量在全部规模企业法人单位占比超过 99%,吸纳就业占全部企业就业人数的约八成。[②] 除了正式登记的小微企业,还有大量的由个体工商户、未注册的小商贩、新型农业经营主体创造的就业岗位。

所以,虽然微弱经济体单体规模很小,但他们数量众多,是乡村经济活动的主要存在形式,也是乡村振兴的主要服务对象,促进微弱经济体的发展是乡村振兴的重中之重。

---

① 参考 https://www.gov.cn/lianbo/bumen/202306/content_6887257.htm。
② 参考 http://paper.people.com.cn/rmrb/html/2022-09/02/nw.D110000renmrb_20220902_1-10.htm。

乡村经济主体的经济特征

虽然缺少专门的"乡村微弱经济体"的统计数据，但我们可以从公开的乡村居民、乡村就业人口、农户、新型农业经营主体以及"农民工"等数据总结乡村微弱经济体的经济特征。

乡村居民的收入水平较低、波动性较大

从收入水平来看，2013—2023 年，城乡居民收入差距从比例上看略有缩小，城乡居民人均可支配收入比从 3 倍下降到约 2.4 倍；从绝对值上看略有扩大，城乡居民人均可支配收入之差从 1.8 万元上升到 3 万元（见图 3.1）。

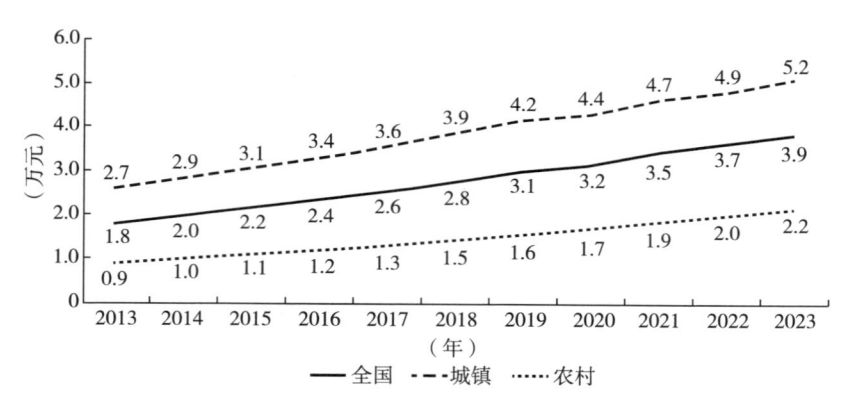

图 3.1　全国、城镇和农村居民人均可支配收入（2013—2023）
资料来源：国家统计局。

另一方面，以变异系数①来衡量波动性大小，可以看出乡村居民季度人均可支配收入的波动性明显更高——2013—2020 年一直是城镇居民的两倍有余。2021—2023 年，城乡居民季度人均可支配收入的波动性同时都先上升后下降，但变异系数之比略有下降，分别为 1.9 倍、1.7 倍和 1.8 倍（见图 3.2）。

图 3.2　城镇和农村居民的季度人均可支配收入变异系数（2013—2023）
资料来源：国家统计局。

乡村就业人口学历水平较低，老龄化问题更为突出

如表 3.1 所示，依据 2020 年开展的第七次全国人口普查数据，乡村和镇的就业人口中，初中及以下学历占比分别为 82.8% 和 60.8%，明显高于城市的 39%。从年龄来看，乡村 60 岁及以上的就业人口占比为 16.5%，是镇的 2 倍多、城市的 6 倍多。乡村 65

---

① 变异系数＝标准差／均值。

第三章　认识今日乡村经济主体及其金融需求

岁及以上的就业人口占比为9.9%，也是镇的2倍多，更是城市的9倍。可以看到，乡村就业人口低学历和老龄化问题都较为突出。

表 3.1　2020 年低学历和老龄化就业人口占比　　　　　　　　　　（%）

就业人口	初中及以下学历占比	60岁及以上占比	65岁及以上占比
乡村	82.8	16.5	9.9
镇	60.8	7.1	3.8
城市	39.0	2.5	1.1

农业经营主体多数为"小农""小微企业"

农业经营主体可分为农业经营户和农业生产经营单位。

绝大部分农业经营户依旧是"小农"。依据截至2024年末已经开展的三次全国农业普查数据[①]，农业经营户数从1996年的1.9亿户增加至2016年的2.1亿户，增长幅度较小。其中，2016年全国2.1亿农业经营户中，规模农业经营户[②]共398万户，占比仅为1.9%，可见农业经营户中"小农"经营占据了绝大部分。农业农村部2023年的数据也显示，小农户依旧占到农业经营户

---

① 根据2006年起施行的《全国农业普查条例》，全国农业普查每10年进行一次，尾数逢6的年份为普查年度。截至2024年末，我国分别于1996年、2006年和2016年开展了三次全国农业普查。若无特殊说明，本小节数据均来自2024年末已经开展的三次全国农业普查数据。

② 规模农业经营户指具有较大农业经营规模，以商品化经营为主的农业经营户。规模化标准在种植业、畜牧业、林业、渔业、农林牧渔服务业等各个子行业中各有不同，如在各个子行业中均不达标准，但全年农林牧渔业各类农产品销售总额达到10万元及以上的农业经营户，如各类特色种植业、养殖业大户等，也可视作"规模农业经营户"。

总数的 98% 以上。[1]

农业经营单位多数属于"小微企业"。农业经营单位自 2006 年起呈现快速增长态势，由 2006 年的 39.5 万增长至 2023 年的 600 余万，纳入全国家庭农场名录管理的家庭农场近 400 万个，依法登记的农民合作社 221.6 万家。[2]

家庭农场经营规模类似微型企业或个体工商户，但具有特殊"家庭"特征。综合多种数据渠道[3]，我们可以看到家庭农场作为经营主体，超半数有常年雇工，平均雇用 4 人左右。从经营规模来看，家庭农场平均经营 130 余亩地，通常水稻、小麦、玉米等大田作物或山地农场可能更大，而经营经济作物的农场更小。虽然从上述数据来看，家庭农场类似微型企业或个体工商户，但是其和企业、个体工商户及后面提到的农民合作社都有本质区别。这是因为家庭农场通常是根植在农户家庭中的，绝大部分是以自家农田农地为基础的，即使经营不善，也难以跑路消失。相较而言，企业或个体工商户大部分会选址经营，农民合作社则涉及众多农户的协作。之前有很多学者关注农民合作社的空心化问题，却不担心家庭农场的空心化问题，就是因为家庭农场兼具了家庭和农场的经济特征。

---

[1] 参考 https：//www.gov.cn/zhengce/202401/content_6925880.htm。
[2] 参考 http：//www.moa.gov.cn/ztzl/ymksn/jjrbbd/202404/t20240425_6454364.htm。
[3] 第三次农业普查数据，刘绿垭（2021），鲁钊阳（2019），农业农村部公开数据，农业农村部对外经济合作中心（2021），农业农村部政策与改革司和中国社会科学院农村发展研究所（2020），田杰（2022），赵阳（2020）。

农民合作社平均经营规模近似微型农业企业，极少数达到中大型企业标准。依据《中华人民共和国农民专业合作社法》，农民合作社最小社员数为5人，其中农民社员最少4人，可以看出农民合作社相较家庭农场有明显更高的准入门槛。基于农业农村部统计全样本，农民合作社社均年营收为几十万元。2023年，农民合作社500强的平均年营收约为2766万元[①]，也仅处在中型农业企业的营收范围[②]。这意味着，绝大部分农民合作社在规模上还是类似于小微型农业企业。

农业就业人口基数庞大，老龄化、低学历特征明显

农业就业人口占比持续下降，但基数仍然庞大。1991—2022年的30年间，我国农业就业人口占总就业人口之比从60%下降到22.6%。从图3.3中可以看出，近20年我国农业就业人口下降速度明显快于中等收入或中高收入国家的平均水平。

虽然我国农业就业人口比例已经下降了较大幅度，但按照2022年末我国就业人口7.3亿人[③]计算，对应的农业就业人口为

---

① 2024中国新型农业经营主体发展分析报告：基于中国农民合作社500强的调查[EB/OL].（2024-12-27）. https：//news.qq.com/rain/a/20241227A04BOY00.
② 国家统计局于2017年修订并开始执行新的《统计上大中小微型企业划分办法（2017）》。该办法规定，在农林牧渔业中，中型企业营收范围是500万（含）~2亿元，小型企业营收范围是50万（含）~500万元，微型企业营收范围是50万元以下。
③ 参考 https：//www.mohrss.gov.cn/SYrlzyhshbzb/zwgk/szrs/tjgb/202306/W020230630516037377667.pdf。

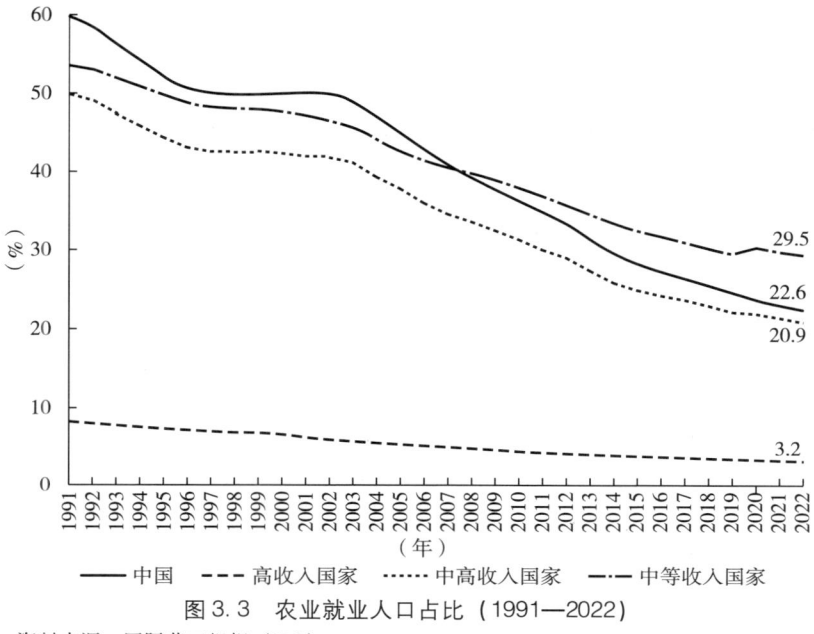

图 3.3　农业就业人口占比（1991—2022）

资料来源：国际劳工组织（ILO）。

1.7 亿人，世界上只有 8 个国家的人口达到了这个量级，可见我国农业就业人口基数依旧庞大。

农业生产经营人员老龄化加剧、学历提升缓慢。从年龄分布来看，2016 年 55 岁以上的农业从业人员比例已经达到了 33.6%，2020 年第七次人口普查数据则显示，55 岁以上的农业从业人员比例为 43.2%，呈现出明显加速的老龄化趋势。[①] 关于农业生产经营人员的受教育程度，2006 年学历水平为初中及以下的农业生产经营人员比例达到 95.7%，2016 年这一情

---

① 参考 https：//www.stats.gov.cn/sj/pcsj/rkpc/7rp/indexce.htm。

况只有小幅改观，初中及以下的农业生产经营人员依然占到90%以上。

综上所述，农业生产经营人员基数庞大，但老龄化、低学历特征明显。

乡村空心化，外出农民工收入提高有限、权益保险保障不充分

改革开放后，尤其是2000年以来，随着城市化进程的加快，乡村青壮年劳动力大量流向城市，成为城市建设不可或缺的生力军。在这40余年中，虽然农民工规模增速不断下降，但只有2020年新冠疫情开始时出现了一次负增长（−1.8%），2021年农民工规模又恢复了继续增长的趋势。

依据国家统计数据，2009年乡村劳动力①总量为4.0亿人，外出农民工②约1.5亿人，乡村人力流失率③为26.6%。2017年以后乡村人力流失率超过35%，到2022年，该比例达到了37.4%。这意味着乡村劳动力有超过1/3流动到了户籍所在的乡镇地域外（见图3.4）。

---

① 国家统计局劳动力人数未按照农村和城镇地区分别统计，所以本文按照农村人口与全国总人口比值近似得到农村劳动力总量。
② 农民工指户籍仍在农村，进入城市务工和在本地或异地从事非农产业劳动6个月及以上的劳动力；本地农民工即户籍所在乡镇地域以内从业的农民工；外出农民工即户籍所在乡镇地域外从业的农民工。
③ 人力流失率＝外出农民工/（外出农民工+乡村劳动力总量）。

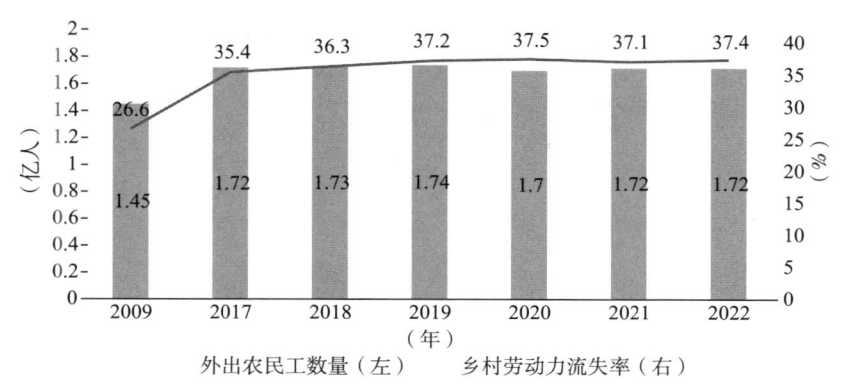

图 3.4 外出农民工数量和乡村劳动力流失率（2009—2022）
资料来源：国家统计局。

从农民工年龄和受教育水平来看，2019—2023 年，外出农民工平均年龄从 36 岁上升到接近 39 岁，呈逐年小幅升高的趋势；至 2021 年，40 岁及以下占比从约七成开始小幅下降，整体约为本地农民工该指标的两倍。外出农民工受教育水平明显高于本地农民工，至 2022 年，大专及以上学历占比超过本地农民工的两倍。人力资本大量外流使得乡村"空心化"现象更加突出（见表 3.2）。

表 3.2 外出农民工年龄和受教育水平（2019—2023）

		2019	2020	2021	2022	2023
外出农民工平均年龄（岁）		36.0	36.6	36.8	37.4	38.9
40 岁及以下占比（%）	本地农民工	33.9	32.9	32.6	47.0	44.6
	外出农民工	67.8	66.8	65.8		
大专及以上学历占比（%）	本地农民工	7.6	8.1	8.5	9.1	15.8
	外出农民工	14.8	16.5	17.1	18.7	

注：2022 年起公开数据中未见本地、外出农民工的年龄比较，2023 年起未见本地、外出农民工的学历比较。
资料来源：国家统计局。

第三章　认识今日乡村经济主体及其金融需求

从收入来看，外出农民工的收入水平相较于本地农民工有所提升，但对比城镇非私营单位就业人员月均收入的增速和绝对值仍有差距，外出农民工月均收入仅略高于城镇非私营单位就业人员月均收入的一半（见图3.5）。

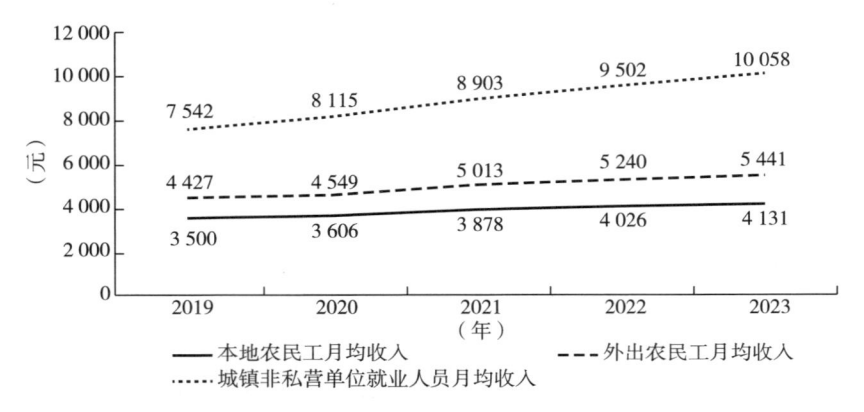

图3.5　城镇非私营单位就业人员、外出和本地农民工月均收入（2019—2023）
资料来源：国家统计局。

与此同时，农民工的福利保障水平也亟待提升。例如，国家统计局"输出地"农民工调查数据显示，2020年陕西省外出农民工签订劳动合同的占比为43.4%，而在2016年全国农民工监测调查[①]中，38.2%的外出农民工与雇主或单位签订劳动合同，可以看出陕西省外出农民工的权益保障情况虽有所改善，但提升幅度较小。此外，2020年陕西外出农民工缴纳养老保险、工伤保险、医疗保险、失业保险、生育保险和住房公积金的比例分别为

[①]　截至本书出版，全国情况最新数据为2016年数据，2017年之后未见公开数据。

16.6%、21.1%、17.4%、13.5%、11.8% 和 11.5%，而据 2014 年全国农民工监测调查报告数据，2014 年外出农民工参与养老保险、工伤保险、医疗保险、失业保险和生育保险的比例分别是 16.4%、29.7%、18.2%、9.8% 和 7.1%，可以看出陕西的单位或雇主为农民工缴纳"五险一金"的整体水平仍然较低，保险保障依然不充分。又如，在一项 2022 年发布的调查[①]中，约三成灵活用工劳动者表示没有职工福利是主要从业痛点之一，另有超过 1/4 的受访者表示"没有社会保险""劳动权益保障缺失"。

乡村经济主体的金融需求

在乡村振兴战略推进过程中，随着产业发展和生活需求的不断变化，乡村微弱经济体的金融需求也发生重大的变化。

乡村居民的收支特征决定了综合化的金融服务需求

由前文数据可知，乡村居民的平均可支配收入明显低于城镇和全国水平，且具有更高的波动性。收入波动性较大意味着他们更可能遇到收入和支出在时间上的冲突。当大部分支出是规律性的，但收入的时间和多少却不确定时，家庭会更需要应急储蓄和应急借贷来填补收支的缺口。

---

① 艾瑞咨询《2022 年中国灵活用工市场研究报告》。

与此同时，随着收入水平的逐步提升，乡村居民的消费结构也有所变化，吃穿住消费下降，而旅游、娱乐、耐用消费品消费快速增长。依据农业农村部的数据，截至2023年，农村居民的恩格尔系数为32.4%，较1957年下降了约36个百分点。未来乡村消费金融需求仍然有广阔的市场空间。

此外，目前乡村居民的财产性收入占比仍然较低。2023年，乡村居民的财产净收入占总收入的比重为2.5%，仅为城镇居民10.4%的1/4（见表3.2）。由于乡村居民有更大比例的灵活就业群体，经济和就业的波动更可能使他们的工资性和经营性收入突然大量减少。这时如果财产积累不足，他们将很难在经济冲击中保持韧性。这也意味着，乡村居民急需适应他们需求的保险和财富管理服务的补充。

表3.2　2023年城乡居民收入来源占比　　　　　　　　　　　　（%）

收入来源	城镇居民	农村居民
工资性收入	60.4	42.2
经营净收入	11.4	34.3
财产净收入	10.4	2.5
转移净收入	17.8	21.0

资料来源：国家统计局。

总结来看，乡村居民的收支特征决定了他们更需要综合化的金融服务来弥补收支时点鸿沟，并增加生产和生活中的韧性与成长潜力。

乡村产业融合深化催生多元化、多层次的金融服务需求

乡村产业在乡村振兴中出现了明显不同的特征。随着适度规模化经营主体的不断增长，与市场的直接衔接越来越紧密，乡村产业发展正向着现代化（智慧农业、适度规模经营、科技化）、产业融合的方向发展。总结起来就是：由短到长（产业链不断加长）、由散到合（经营主体由小农到合作社、集体经济组织+龙头企业）、由低到高（产品的标准化，高质量、高安全性、高技术含量、高附加值）、由旧到新（新产业、新模式、新需求不断出现）。

产业的演变催生了多元化、多层次的金融服务需求。第一，相较于小农户，新型农业经营主体往往需要更大的融资额度、更多样化的融资期限，对诸如灾害保险、农业收入保险等的风险控制产品需求比以往更加迫切；第二，对乡村可持续发展各个细分领域的创业者和企业而言，他们需要更多的专业投资者，如风险投资、天使投资、私募股权投资，甚至是畅通的股票与债券市场路径来满足其融资需求；第三，随着产业融合的不断深化，产业链融资、跨行业融资等需求也在不断增长。我国很多地区与部门开展了针对上述需求的试点与产品，但大多是碎片化的实践。未来一段时期，许多过去试点的金融服务需要沉淀下来，逐步形成成熟的乡村金融生态体系。

乡村基础设施和公共服务需要创新性解决方案和双重目标投资

乡村经济主体需要的不仅仅包括直接服务他们生产、生活的金融服务，还包括乡村基础设施和公共服务投资。如果没有完善的道路、水、电、网络等基础设施，没有能够培育乡村人力资本的教育、医疗等优质公共服务，乡村的经济主体难以实现全面发展，也就无法实现乡村的全面振兴。

虽然当前许多乡村的基础设施已经得到了明显改善，但和"城乡生活水平差距不大"仍有距离，并且这些基础设施的运作、维护和升级都需要持续的投资。不仅如此，当我们看到即使是城市的公共服务都还有许多需要提升的方面时，就会意识到乡村公共服务的改善实际上是充满挑战的。

这也是为什么我们在第二章最后强调县域在乡村振兴中的重要载体作用。因为无论是县以下的哪个级别，基础设施和公共服务的规划与发展都需要经过县域层面的统筹及协调。在整个乡村振兴进程中的资金需求量实际是巨大的。

这也意味着，乡村基础设施和公共服务的完善需要创新型的解决方案——立足已有条件，探索新的模式、方法、技术来解决乡村基础设施和公共服务瓶颈。单一追求利润最大化目标的投资往往难以满足这些复杂的发展需求，而双重目标投资除了财务目标，还有社会目标——它将社会目标作为使命，通过商业可持续的模式进行投资，最终促进社会整体的可持续发展。在现实中，双重目标投资可能表现为合作金融模式，如美国的农场信贷系统；可能表现为政策性金融模式，如日本的政策金融公库；也可能没有合作或者政策性背景，即具有社会使命的商业投资。

综上所述，在乡村振兴的进程中，随着居民收入的增长、消费结构的变迁，同时新产业、新模式层出不穷，新型农业经营主体、创新型小微企业各种群体的金融需求不同且多样，乡村发展需要更加多层次、多元化、综合性的金融服务。进一步来说，乡村基础设施和公共服务也需要创新性的解决方案，以推动实现乡村的全面振兴。这需要县域层面的统筹协调，也需要持续的双重目标投资支持，而目前的乡村金融服务体系尚不能有效满足。本书第二部分将尝试阐释如何以生态体系的视角看待乡村金融。

第二部分
以生态体系的视角看待乡村金融

第四章　何谓乡村金融生态体系

在开始讨论我国的乡村金融问题之前，我们应该明确什么是乡村金融。很多时候，人们谈论金融（例如普惠金融、乡村金融），实际上都是在说贷款（普惠贷款、乡村贷款）。不得不承认的是，解决"融资难、融资贵"的问题确实是金融发展领域长期以来的热点、难点，但这种看法在一定程度上把金融行业发展深化的重点局限在了银行信贷领域。实际上，我们不用成为专家也能够知道，银行信贷只是金融体系的一部分，尽管在中国，这一领域占据了金融体系的主要部分，但金融体系中还有其他重要领域。关键是，我们需要意识到，这些领域具有不可替代的功能，例如保险、财富管理、多层次资本市场等。

既然我们着眼于乡村的可持续全面发展，乡村金融也应该是尽可能全面的。否则，无论信贷领域发展得多么丰富与深厚，功能不完善的乡村金融会像支柱不全的舞台一样，难以支撑实现我们想要的乡村振兴。接下来会探讨一些我们似乎已经熟知的领域，例如支付（真的熟知了吗？），也会分享一些国际国内保险、财富管理、创业投资和资本市场领域的乡村金融实践案例，这些案例有的出乎意料，有的脑洞大开。最重要的是，我们需要认识到乡村发展需要一个完整的金融生态。

从"农村金融"到"乡村金融"

在过去很长一段时间里，大家讨论的是"农村金融"，而不是"乡村金融"。我们可以从第二章的论述中看到，当前"农村"已经不能很好地概括城市以外的区域。虽然在不少情况下，我们依旧习惯说"农村"，但本书特别提出和强调"乡村金融"的概念，并认为这对乡村振兴而言非常重要。

事实上，如果回顾一些"农村金融"的著作，可以发现其对农村金融的界定虽然聚焦于"三农"，但也是包含农业以外的内容的。例如，王曙光和乔郁在《农村金融学》[①] 一书中指出，农村金融是"农村各类经济主体资金借贷行为和各类金融组织资金运作规律"。其中，"农村各类经济主体"除了一般意义上的农民和农户，也包括农村各类中小企业组织以及各类农村基础行政组织和合作组织。

与此同时，在农村金融相关著作的关键词和摘要的英文翻译部分，我们也可以看到那些中文包含"农村"的著作，通常也是将这

---

① 王曙光，乔郁. 农村金融学 [M]. 北京：北京大学出版社，2008.

个词翻译为"rural"。查询牛津词典、韦氏词典、柯林斯词典等主流的在线英语词典可以发现,"rural"与农业相关的含义已被淡化成为最次要含义。这不足为奇,因为农业在乡村经济份额中下降在全世界是非常普遍的现象。

本书强调"乡村金融"的概念,并致力于讨论一系列乡村金融的关键问题,这并不意味着我们不重视农业相关的金融问题,而是想要把农业融入一个完整的乡村经济生活生态中来观察。乡村的地域和自然环境,乡村的产业,乡村的公共服务,乡村里的人,都在其中。正如乡村振兴战略指出了产业、人才、文化、生态和组织"五大振兴",我们想要振兴的乡村不是只在某时刻实现体面富足的乡村,而是可持续的、全面发展的乡村。

相应地,"乡村金融"与"乡村振兴"中"乡村"的范围一致。乡村金融应该是助力实现乡村振兴的金融。

结合本章前面的讨论,我们将乡村金融定义为服务县、乡、村及城市远郊全面发展的金融生态体系。乡村金融的重点在于支持区域空间的均衡发展。

虽然"乡村金融"的提法在当前还比较新,但是在内涵上并不是另起炉灶去搭建一套新的金融生态体系,而是以实现"乡村振兴"为导向,对现有金融资源和生态进行优化、整合。

"乡村金融"与过去长期受关注的"农村金融"和"普惠金融"都紧密相关,又有所扩展。从服务范围上看,农村金融更多地聚焦"三农";普惠金融的服务对象在农村金融的基础上还包含了县域与城市的低收入群体和面临金融排斥的小微企业（也就是所有的中小微弱群体，无论他们是在城市还是乡村）；而乡村金融的服务对象包含了乡村振兴中需要支持的全部主体——地理覆盖范围从窄口径的乡村①扩展到县城及城市远郊区，乡村振兴过程中改善基础设施和环境的大型建设项目也应包含在内。

认识乡村金融的生态体系

不止于农业金融

乡村金融远不止于农业金融，农业金融不全在乡村，这是认识乡村金融的基础。

从世界各国的经验来看，在广阔的、多样化的乡村，农业产值占比和就业占比都会逐渐缩小。要振兴这样的乡村，支持农业的金融服务固然非常重要，但如果忽视了农业之外的复杂经济生态的金融需求，将难以实现乡村振兴的远大目标。

所以我们强调，乡村金融要支持县、乡、村及城市远郊区范围内所有的发展活动，支持所有的居民提升生活福祉——通过金融产品和服务形成有利的发展环境，乡村金融既支持农业，也支持非农产业；既关注经济，也关注文化与生态，最终促进城乡融合和城乡均衡的、可持续的发展。

---

① 如第二章中讨论到的国家统计局统计口径中的乡村。

专栏4.1　从涉农贷款构成看乡村贷款的服务对象

涉农贷款实际上是涉及"三农"（农业、农村、农民）的贷款，并且"农村"包含了整个县域的范围。按城乡划分的话，涉农贷款可以划分为县域贷款、城市涉及农业的贷款，前者是一个地域范围，后者是一个行业范围。

什么是"涉农贷款"？这大概是乡村金融领域最具有迷惑性的名词之一。它的构成可以在一定程度上昭示，为什么我们需要以生态体系的视角看待乡村金融。

由于"农"字让人直接能想到的是农业、开展农业的地方和从事农业的人，涉农贷款难免被误认为是与农业相关的贷款。可如果将"涉农贷款"诠释为"涉及农业的贷款"的话，我们最多只说对了两成。如表4.1所示，在涉农贷款用途分类中，农林牧渔业贷款（即通常所说的"农业贷款"）在余额中占比仅为10.3%，在2022年新增贷款中更是仅占8.0%。在此基础上，我们可以把和农业相关的也加在一起，包括农用物资和农副产品流通贷款、农产品加工贷款、农业生产资料制造贷款、农田基本建设贷款和农业科技贷款，得到农业和农业相关贷款总共在涉农贷款余额中占比20.8%，在2022年新增贷款中占比为16.0%。

表 4.1　2022 年涉农贷款构成　　　　　　　　　　　　　　　　（%）

用途	在贷款余额中占比	在 2022 年新增贷款中占比
农林牧渔业贷款	10.3	8.0
农用物资和农副产品流通贷款	6.1	4.4
农村基础设施建设贷款	18.5	23.0
农产品加工贷款	2.6	1.6
农业生产资料制造贷款	0.9	0.1
农田基本建设贷款	0.7	1.4
农业科技贷款	0.2	0.5
其他	60.7	61.0
涉农贷款	100.0	100.0

资料来源：中国人民银行《中国农村金融服务报告（2022）》。

所以，即使在乡村，不与农业相关的"农村基础设施建设贷款"和"其他"用途贷款也占了涉农贷款的绝大多数。后者包括"县域地区的房地产贷款、建筑业贷款、除农林牧渔业贷款之外的农村个体户贷款等"。

不止于乡村贷款

让我们先在脑海中想象一个乡村家庭：他们可能售卖农产品，或者做小生意，需要便捷的支付服务；由于收入不是固定地按月得到，他们不时需要小额贷款来应对消费和生产资金需求；如果从事种植业，他们将会面临气候、市场（价格）、雇主责任、技术、病虫害等一系列农业风险，生活中的意外、疾病风险也都需要预防；与此同时，他们还要为未来的大日子做准备——孩子上大学、结婚，自己的养老，都需要财富的支持，即使他们的财富管理办法只是简单地把钱存在活期账户里。

在乡村，人们需要的金融服务远不止于贷款。

2019年起，我们启动了一项名为"财务日记"的研究项目。这项研究最初由世界银行推动，后来得到法国安盛保险集团的支持。我们先后跟踪调查了湖南、陕西和上海的200户家庭，记录了他们的日常收入和支出情况，并对数据进行了详细分析。在我们走访曾是扶贫对象的乡村家庭时，他们强调他们更需要保险产品而不是扶贫贷款，这对我们产生了深远的影响。尽管"530扶贫贷款"看似优惠，提供5万元、3年免息，但对于低收入家庭而言，这却是一笔需要还清的负担，同时他们也常常不明白资金应该如何使用。如果家庭主要收入者突遭意外身故或遇其他不测，整个家庭可能陷入贫困。相比之下，合适的保险产品能为家庭提供安全保障，应对风险，对基本生活的支持至关重要。

基于这一重要发现，我们向有关部门做了详细汇报。有关部门迅速响应，2022年末即推出了《关于推进普惠保险高质量发展的指导意见（征求意见稿）》。2024年5月，国家金融监督管理总局正式发布了征求意见之后的上述文件。本书第六章将专门讨论保险与乡村韧性的话题。

在普惠保险的基础上，乡村居民还需要财富管理。如果我们从整体上来观察财富管理，可以发现最基础的储蓄和保险也是财

第四章　何谓乡村金融生态体系

富管理的一部分，合理负债也与此相关。不同于单一种类的金融服务，财富管理需要为一个经济主体（如个人、家庭）构建一个目标框架，在这个框架下面还有细分目标，细分目标之下才是各种金融工具。所以，财富管理是一种天生的"以客户为中心"的金融服务。

"以客户为中心"的财富管理服务，听起来就有些昂贵。这难免让人产生疑问：财富管理从来不都是有钱人才需要做的事情吗？紧紧巴巴过日子的人，还需要财富管理吗？我们将在第七章对此进行阐释，并介绍服务偏远乡村的财富管理的国际案例。

除此之外，振兴的乡村发展还应该有多层次资本市场的支持——从创投到股市，从债券到资产证券化，从期货到期权……这不是要把乡村的金融支持搞复杂了，如果我们愿景中的理想乡村生活与城市生活有相近的物质品质，那为什么多层次资本市场的服务要在乡村发展中缺席呢？

实际上，专门服务乡村的创投是有的，乡村的各类经济主体从资本市场获得融资和风险对冲也并不罕见。我们将在第八章和第九章介绍多层次资本市场服务乡村的国内外案例与证据。

不止于"村里的"金融服务

我们在第二章已经明确了县域是乡村振兴的重要载体。这意味着，乡村金融也需要重视县域层面的资源配置作用。

从金融市场环境来看，县域的金融生态使其更有可能实现完整的金融功能。大中型机构最基层的分支机构一般设在县城，中小法人机构有时会在乡镇设网点，但决策中枢通常在县级机构。相应地，县域发展既能够获得大中型金融机构、政策性金融机构的金融支持，也有县域法人机构基于县域产业特征提供差异化的金融支持。

所以，乡村金融并不止于"村里的"金融服务，只有打造县域层面的完备金融生态，才能为乡村的全面振兴提供各种所需的支持和动力。

第五章　"支付+"是不是过气热词

　　站在当下看过去 20 年，数字支付似乎已经悄无声息地进入了我们生产生活的每一个角落。这种程度之深，以至于令我们容易产生这样一种错觉：我国的支付领域已经发展得非常成熟了，再讨论"支付+"[①] 会显得缺乏新意。然而事实真的如此吗？我们是否真正看到了广大乡村的现实？

世界领先的"村村通"

　　截至 2021 年底，我国近 70 万个行政村实现了"村村通宽带"。[②] 这在当今世界并不多见，尤其是像中国这样疆域辽阔的大

[①] 即在支付服务基础上，集成了多种增值服务和功能的金融科技解决方案。通常包括多样化的支付方式、综合化的金融服务、商业应用的延伸、场景化应用等。
[②] 缴翼飞. 国内行政村已全面实现"村村通宽带"，"十四五"电信普遍服务将再获百亿补助 [EB/OL]. 21 世纪经济报道.（2021 - 12 - 30）[2024 - 05 - 27]. https://m.21jingji.com/article/20211230/herald/c27f5ec2579870d5dd1499487ae70779_zaker.html.

国。事实上，许多发达国家都仍在努力推动高速网络的普及。例如，据英国《卫报》报道，许多美国乡村县域被宽带服务商忽视了，因为服务商认为在这些地方提供宽带无利可图。美国联邦政府在2021年通过了《基础设施投资和就业法案》，计划拨出650亿美元资金用于乡村宽带建设。①

在我国辽阔的疆域中，最偏远的银行网点通常设在比较大的乡镇；也有不少银行将最低层级的支行设到县城，往下不再设点。在助农取款服务点广泛铺开之前，居住在村庄的居民需要到乡镇甚至县城才能取出银行账户里的钱或者查询余额。

2011年，中国人民银行发布了《关于推广银行卡助农取款服务的通知》，开始在全国范围内推广银行卡助农取款服务。一个典型的助农取款服务点可能是有固定经营场所且信誉较好的便民店或小超市、农副产品批发店、电信或邮政网点等，通常配备POS机或者带硬件加密功能的电话支付终端，向持卡人提供1000元及以下的取款和余额查询服务。中国人民银行普惠金融工作小组发布的《中国普惠金融指标分析报告（2022年）》显示，"截至2022年末，全国助农取款服务点74.06万个。以银行卡助农取款服务为主体的基础支付服务村级行政区覆盖率达99.99%"。这意味着，在"村村通宽带"的基础上，我国的基础支付服务也基本实现了"村村通"。

---

① Chidi G. Internet providers have left rural Americans behind. One county is fighting back [N/OL]. (2024-03-17) [2024-05-27]. https://www.theguardian.com/technology/2024/mar/17/rural-broadband-us-internet-providers.

从"通"到"用"

实现宽带和基础支付服务"村村通"是非常重要的里程碑，但这并不是乡村地区支付服务发展的"美满终点"，而是一个新的起点。就像舞台搭好了，好戏才会开始，可好戏还需要一整套的好投资、好团队。

支付作为商业和金融活动的基础设施，直接影响的是交易的效率和成本。但在数字支付的时代，支付还不仅仅是支付本身。支付产生数据、连接场景，数据积累之后又进一步促进场景生长。所以，乡村金融中的支付环节是一个可以有更狂野想象的领域。这些想象可能关于更高效更多样化的供应链，关于更多信用替代数据，关于更丰富的保险基础数据和产品创造……不过，光是想象行不通，我们还要将这些想象变为现实。我们需要脚踏实地，不仅看到差距，也看到潜力。

中国互联网络信息中心发布的第 53 次《中国互联网络发展状况统计报告》显示，截至 2023 年 12 月，"我国城镇地区互联网普及率为 83.3%""农村地区互联网普及率为 66.5%"①。依据上述报告的注释，互联网普及率是指"过去半年内使用过互联网的 6 周岁及以上我国居民占比"。也就是说，虽然宽带已经连通

---

① 从不同渠道的统计指标也可以看到，目前"农村"仍然是常用词，但实际上指的是城镇以外的地域——"乡村"。

到了每一个行政村，但目前仍然有 1/3 的 6 周岁及以上乡村居民尚未使用互联网（见图 5.1）。

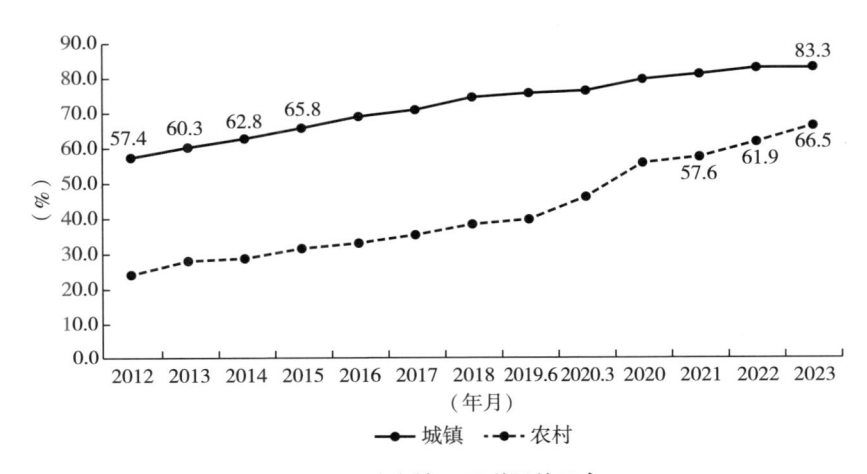

图 5.1　城乡地区互联网普及率

注：本图图例中的"农村"为数据出处的原文，与国家统计局统计口径相对应。

理解乡村"支付+"尚未实现的潜力

　　城乡之间的互联网普及率差距固然仍很明显，但通过比较城乡互联网普及率的变化趋势可以看到，城乡之间的差距最近几年正在缩小。与此同时，乡村的互联网普及率在 2022 年达到 61.9%，超过了城镇 2013 年时的 60.3%。

　　为什么 2013 年值得关注呢？如果我们用"2013 年"+"互联网金融"作为关键词进行搜索，可以发现这一年被称为"互联网金融元年"。那一年，新的金融业态从越来越多人使用的数字支付服务中生长出来，让人们看到了金融服务长尾客群的巨大潜力。这意味着，在当时的城镇互联网普及程度背景下，互联网技术和思维对金融行业形成的冲击，已经可以在市场中得到可观的响应。

专栏 5.1　来自互联网金融元年的余额宝

打开支付应用程序扫码支付，资金来自灵活存取的生息账户；点击收款，资金自动存入灵活存取的生息账户——如今这对很多人而言都是日常操作了，不少支付机构和手机银行都推出了这种服务，但实际上，这种"支付+活期投资"的便捷服务出现的时间并不长。

2013年，"余额宝"[①]横空出世，成为国内第一款基于在线应用、面向普罗大众的货币基金产品。它为普通用户提供了一种简单、便捷的投资方式，让个人的流动资金更具收益性。余额宝的最大特点是"1元起购、随时可赎回"，用户只需将闲置资金存入账户即可享受到货币基金的收益，并且可以随时提取用于支付。这一创新性产品迅速在市场上获得了巨大成功，吸引了大量用户的青睐。

---

① 由当时的阿里巴巴支付宝和天弘基金合作推出。

当前，数字支付在乡村的渗透率已经超过了 10 年前城镇的情况。不同于互联网普及率的调查年龄范围低至 6 周岁，数字支付使用情况的调查对象通常是成年人。《中国普惠金融指标分析报告（2022 年）》显示，"九成受访者使用数字支付""城镇和新市民受访者使用率差别不大，农村受访者低于平均水平 7 个百分点"。这就是说，在乡村成年人中，使用数字支付的比例已经达到了 83%，高于中高收入国家的平均水平。①

虽然相较城市，乡村的互联网和数字支付使用率都还有提升的空间，但从以上数据可以看到，如今的乡村已经具备了非常好的发展"支付+"的条件。

乡村"支付+"潜力的实现，需要乡村发展和乡村金融的实践者看到城市与乡村居民不同的生产、生活状态，对乡村客群的需求和痛点形成深刻的理解。例如，乡村居民居住相对分散、借款额度通常较小、财富积累较少，如何才能可持续地为他们提供更优质的服务，包括综合金融服务，是非常值得思考的问题。

乡村支付"毛细血管"的升级

目前以助农取款服务点为代表的村级基础支付服务已基本实

---

① 在 2021 年世界银行全球普惠金融指标体系（Global Findex）中，中高收入国家成年人"使用数字支付进行付款或收款的比例"[Made or received a digital payment (% age 15+)]为 80.4%。

现全覆盖，相当于布下了连通每一个行政村的支付毛细血管网络。然而，随着大众支付习惯的演变，尤其考虑到在 2023 年末我国已经成为移动支付使用率最高（86%）的国家，[①] 可以预见的是，主要依托银行卡支付结算的助农取款服务的使用率很可能会逐渐降低。相应地，作为一项重要的基础设施建设工程和前期已经投入沉没资源的社会性服务，助农取款服务点如何在科技更新迭代的背景下焕发活力是一个重要的议题。

截至目前，部分地区的助农取款服务点已经升级成为普惠金融综合服务站，开始配备了民生服务、电商服务。未来如何提供综合化的金融服务，还需要制度、技术和人力的进一步探索与支持。

民生服务的加载。民生服务一方面包括政务服务如社保、医保、公积金等功能，另一方面也包括基础的水务、电力、通信业务等功能。目前加载民生功能的站点主要集中在查询、缴费等后端服务上，未来如何在风险可控的前提下，依靠政务大数据、身份识别等方式，提供注册、身份验证、开户等前端服务，是一个有待解决的问题。

电商服务的引入。对于乡村地区而言，电商服务既要进得来，又要走得出去。这意味着，电商服务不仅要通过线上和线下相结合的模式，助力农业生产资料和生活消费产品进村入户，也

[①] 参考 http://finance.people.com.cn/n1/2023/1229/c1004-40149415.html。

需要市场规则和产品标准的完善，同时创新销售模式，使得乡村产品更高效、便捷、精准地流通消费到其他地区。

金融服务的延伸。 在构成小额存取款、汇款的基础网络后，助农取款服务点显然已经具备了进一步延伸配备其他金融服务功能的条件。展望未来，助农取款服务点/普惠金融综合服务站想要从代理基础银行服务，向理财、保险、信贷等多样化的金融服务延伸，需要先研究如何保证服务的质量并进行适当的监管。

为了实现乡村支付"毛细血管"的升级，我们首先需要明确从"助农取款服务点"升级为"普惠金融综合服务站/点"的性质变化和监管需求。随着助农取款服务点的金融功能完善，部分试点正在开展投资赎回业务权限下放，实际上已经成为一个"微型银行"，而对其的监管却较为滞后，部分地区已经开始关注乡村普惠金融服务点给反洗钱带来的挑战。在监管方面，将普惠金融综合服务站/点纳入商业银行监管可能有违政策初衷，但由于其涉及信息安全风险，因此在准入机制上应该更加严格，在业务流程上也应该更加规范。

其次，商业银行与乡村基层组织的职责和话语权也有待厘清。随着综合功能的加载，特别是承担政府部门职责的不断拓展，普惠金融综合服务站/点的管理主体较为模糊，这种管理人员选拔机制带有"半官方"色彩，需要厘清商业银行与乡村基层组织的职责和话语权。

最后，助农取款服务点的综合化发展还需要因地制宜的政策支持。基于地域发展的不均衡性，助农取款服务点在经济和自然状况不同的地区具有不同的作用，在推进服务转型的过程中，我们还需要以地方发展为现实基础出台因地制宜的政策。

支付+公共服务

让我们来不时回顾乡村发展的终极使命——人的全面发展。在第一章我们讨论了构建人力资本对于"过得好"的根本和长远作用。其中，优质的教育和医疗资源是构建乡村人力资本的关键。那么，"支付+"如何与乡村人力资本发展联系起来呢？

自2020年末到2023年末，我国互联网医疗用户规模翻倍，从2.1亿增加至4.1亿，在网民中的使用率从21.7%增加至37.9%。同时，越来越多的教育资源也实现了数字互动功能。[①] 实际上，基于便捷的数字支付渠道，在线医疗也已经在问诊、远程医疗、互联网医院甚至医保报销等环节取得了显著进展；在线教育已经覆盖了素质教育的众多领域，包括思维、音乐、美术、体育、编程等。

展望未来，通过与乡村本地的教育和医疗资源相结合，以数字支付为底层技术支持的在线教育和在线医疗服务，有望成为提

---

① 第48次《中国互联网络发展状况统计报告》显示，截至2021年6月，我国在线教育用户规模达到3.25亿，占网民整体的32.1%。此后在线教育相关数据未见更新。

升乡村教育质量和医疗水平的重要发展方向。未来我们也许可以看到，村卫生所+乡镇卫生院+县医院+在线医疗，乡村学校+在线教育，这些已有的基层公共服务与全国甚至全世界的医疗、教育资源有机地融合，发挥出提升人力资本的巨大能量。

专栏5.2　线上+线下的印度乡间诊所[①]

作为世界人口大国，印度的城乡卫生医疗资源长期存在配置极其不公平的问题，优秀的医生和医疗资源往往集中在城市，乡村脆弱的医疗系统并不能满足乡村众多患者的就医需求。乡村居民需要花费高昂的费用才能获得基本医疗服务，他们常常不得不前往大城市，在专科医院接受昂贵的问诊、医疗检查和药物治疗服务。

创始于2014年的卡玛基础医疗（Karma Primary Healthcare）是一家服务印度乡村和城乡结合部的技术型初创公司，致力于通过使用远程医疗来缩小城乡差距，使初级医疗服务更方便、更实惠。在本地专业护士的支持下，最弱势群体也能以可负担的价格得到合格的医疗诊断、优质的保健服务和转诊服务。在就医时，患者先由乡村诊所护士进行初步检查，并将患者的病情特征和重

[①] 参考《卡玛医疗：影响力绩效报告》，https：//www.swissrefoundation.org/dam/jcr:28bb8e29-6578-41c2-8-612f02f1debe/60%20Decibels Karma%20Healthcare%20Report Updated.pdf。

要参数数据上传至医疗信息系统，由专业医生进行病情判断后决定是否需要深入治疗以及如何治疗，患者只需要支付少量的费用，如咨询费、药费等。

从卡玛基础医疗的例子可以看到，线上+线下的模式提供了重塑医疗资源的机会。2018年，卡玛基础医疗已经在拉贾斯坦邦和哈里亚纳邦的乡村地区开设了10家数字诊所。到2023年，数字诊所的数量已经增加到25家。

目前，卡玛基础医疗已经得到了瑞士再保险基金会（Swiss Re Foundation）、由美国国际开发署支持的混合融资机构Samridh①等国际机构和组织的支持。瑞士再保险基金会设立了卡玛医疗信托（Karma Healthcare Trust）②，希望到2027年通过100个护士辅助远程医疗诊所为印度约250万医疗资源匮乏的人群提供初级和预防性医疗保健服务，并向印度政府和其他利益相关者证明其方法具有可扩展性。

---

① 参考 https：//samridhhealth.org/karma-primary-healthcare-bridging-the-primary-healthcare-gap-digitally/#。
② 参考 https：//www.swissrefoundation.org/what-we-do/projects/access-to-health-and-income-opportunities/Nurse-assisted-telemedicine-for-rural-communities.html。

第六章　乡村的韧性从何而来

人类社会一直是在风险的浪潮中前进。早在公元前 18 世纪，古巴比伦《汉穆拉比法典》最早记录了获取贷款的商人可以向贷款人支付一笔额外的费用，这笔费用保证在货物沉没或被盗时商人不用再偿还贷款。可以看到，这种古老的保险形式阻止了商人作为一个经营主体的毁灭，通过分摊风险，遭受意外的个体有机会东山再起，而不是陷入泥淖。

换句话说，保持韧性实际上是保持了发展的机会。无论是对农户、家庭、企业，还是社会组织、政府而言，都是如此。

振兴不只是一时繁荣，还要在风雨中屹立，或者遭受损失后能够迅速重建和恢复，如此才能被称为"可持续"的发展。相应地，振兴的乡村必须是有韧性的乡村，而有韧性的乡村必须致力于构建完整的保险保障生态。

当意外和疾病可以轻易吞噬一个家庭的财富

湖南省平江县的老陈家（化名）是 2019 年启动的 CAFI（中国普惠金融研究院）"财务日记"研究项目中的一个跟踪调查家庭。[①] 老陈生长自乡村，多年来在平江县城干装修活。通过与木工、瓦工、泥工等长期合作建立了信任，老陈慢慢变成一个小工头，但没有自家工程时也加入别的装修队，努力挣钱养家。妻子在家照顾孩子，但也时常帮人做些零工。两口子都属于典型的灵活就业者。由于老陈操持的装修队要价合理、质量有口碑，在新冠疫情暴发之前，老陈家的装修生意还算不错。

2021 年末，我们拜访了老陈家位于平江县老城区的出租屋。房子处于一片棚户平房中的一角，只有一个房间，既是卧室也是客厅、储物间，墙上挂满了装修用的大大小小的工具，有一个半封闭偏房用来做饭，卫生间也在外面。老陈的性格温和，身上穿着某装修材料品牌赠送的冲锋衣，谈吐之间透露着常年在外奔波的泰然和见识。老陈有两个孩子，一个当时刚刚职专毕业，另一个还在读高中。

通过访谈，我们了解了老陈家"财务日记"数据背后的故事。图 6.1 中的数据记录了新冠疫情暴发后接近两年的时间里，

---

① 本案例参考中国普惠金融研究院出版的"普惠金融研究前沿系列丛书"之《守护金融健康》。

一个普通家庭金融生活的起起伏伏，而面对面的交谈则让数据背后的故事鲜活起来。

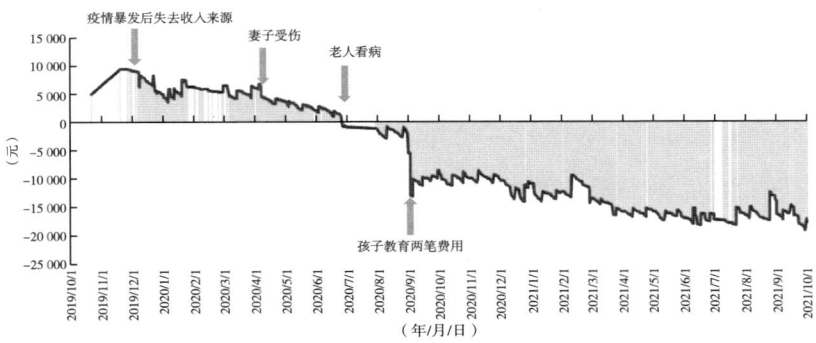

图6.1　平江县老陈家收支结余

资料来源：中国普惠金融研究院2019—2021年"财务日记"调查。

首先是收入的减少。2020年疫情刚开始时，由于防疫需要，老陈很难进入客户家开展装修工作，计划好的工程被迫停滞，有接近4个月的装修收入几乎为0。由于支出依旧保持在疫情前的水平，加上过年期间家庭消费的上升，老陈家的收支鸿沟自2020年初起不断加大。

其次是大额的医疗支出。2020年4月，老陈妻子遭遇意外，虽无性命之忧，但脚部韧带断裂必须住院。在医疗社会保险覆盖一部分费用后，个人花费依旧上万元，对于该家庭而言是一笔重大支出。住院期间，老陈为了照顾妻子而无法接工，也损失了部分收入。此后至8月份，老陈家持续有医疗支出，不仅包括妻子复诊，家里老人抱恙也有一笔不小的支出。

最后是大笔的教育支出。2020年9月，老陈家产生两大笔教育

第六章　乡村的韧性从何而来　　75

支出，包括当时职专尚未毕业的大儿子和读中学的小儿子的教育花费。除了大笔的学费外，两个孩子的生活费也是一笔不小的开支。

可以看出，疫情影响叠加教育、医疗与其他刚性支出是导致老陈家庭赤字的主要原因。医疗、教育这"两座大山"在疫情下对于家庭形成的压力显得尤为突出，尤其是收入来源具有不稳定性的从事小微经营、灵活就业的家庭。从风险的角度来观察，老陈家主要经历了失去主要收入来源、个人意外伤害、医疗健康三种风险，却并没有失业保险、商业意外保险和补充医疗保险来提供缓冲支持，导致家庭财务压力非常大。

普惠保险可能比普惠贷款更重要

"普惠金融"这个词是 2005 年联合国推广"国际小额信贷年"时首次被提出的。这给大家留下一种刻板印象，即普惠贷款就是普惠金融。然而，通过多年的调研观察，我们发现普惠保险的重要性被大大忽视了。保险保障不仅对个体的韧性而言很重要，而且对整个经济的活力来说更像是一个巨大的弹力垫，让亿万微小的个体能够保持发展的动力。

CAFI 多年来一直非常关注来自乡村的灵活就业者，以外卖骑手、快递员为代表，他们也是农民工、新市民。从调查中我们看到，这些来自乡村的灵活就业者大部分都是劳务派遣的状态，未与用人单位直接签订劳动合同，缺乏"五险一金"保障。尽管他们当中70%左右在乡村老家缴纳了社会保险，但社会保障暂时还无法满足这些家庭的保障需求。由于新农合有报销医院级别和比例的规定，即使生了病，他们只要能扛过去就不会放弃工作机会而回乡治病，部分受访者还曾因为难以使用社保而产生了放弃缴费的想法。与此同时，骑手和快递员等职业面临着更高的意外风险，但他们在意外保险方面的准备也非常不足，发生一次小意外就可能会损失半个月甚至更多的收入。

除此之外，乡村外出务工人员与他们乡村家庭的风险是高度交互的。如果乡村家庭有一位长期病患而没有有效的医疗保险做保障，那么这位外出的务工人员就会一直拼命向家庭输血而难以存下积蓄，甚至还会积累负债。与之相反，如果外出务工人员发生意外，老家的父母孩子就可能失去经济支柱而令生活难以为继。

对于像平江老陈这样的微小经济主体来说，一份适应他们需求的保单可能比免息或低息的小额贷款更为重要。因为贷款的需求通常是或然的、阶段性的，但人们每时每刻都可能面临着风险，都需要能够帮助他们应对不确定性的保险做保障。

我们可以进一步将关注范围从个体拓展到整个经济社会运转——当保险保障不足的时候，陷入困境的人们自然无法正常消费；尚未遭遇风险的人们也会有谨慎消费预期，为可能发生的大笔意外或者医疗支出增加储蓄，如此便会潜移默化地牵制经济的活力。

所以，就中国乡村的现状来看，普惠保险可能比普惠贷款更为重要。保险保障水平直接关乎个体福祉，进而会影响消费和经济活力。

第六章 乡村的韧性从何而来

乡村家庭的风险及其保险保障需求[①]

已经被充分意识到的风险：疾病、意外、农业歉收

在社会经济活动中，家庭无时无刻不面临着各种风险，可能导致家庭承担人身、财产甚至家庭关系破裂等各类损失。乡村家庭常见的风险包括医疗健康、收入损失、金融损失、失去生命、家庭关系破裂、法律纠纷和其他意外。2022年，我们对乡村家庭风险状况的调查显示，疾病、意外伤害和农业歉收是受访的乡村家庭认为的威胁程度最高的风险。

这项调查结果也呼应了过去10年的一些官方调查。原国务院扶贫办的一项调查显示，在2013年底中国7000多万建档立卡的贫困人口中，疾病和意外伤害致残是导致贫困的主要风险因素。2016年，国务院扶贫办政法司司长苏国霞在第九届全球健康促进大会"消除贫困"平行论坛上介绍，40%的贫困家庭是因病致贫。[②] 国务院发展研究中心的研究结果同样显示，意外伤害是我国乡村劳动力（不管是外出务工还是在家务农）的一大天敌。

乡村家庭的风险不光局限在乡村地域范围内，外出农民工意外和疾病保险保障不足，也可能使其整个家庭受到风险冲击。城

---

① 本小节和下一小节参考了中国普惠金融研究院出版的"普惠金融研究前沿系列丛书"之《乡村金融》，并根据最新数据进行了更新。

② 参考 http://www.nhc.gov.cn/xcs/s3582/201611/72f2ba4e6a6340cf9c5c6b502389b20f.shtml。

镇化建设以来,乡村外出农民工人数不断增加,在2023年已接近1.8亿人。从现有的调查来看,这些农民工签订劳动合同、由雇主或单位缴纳"五险一金"的整体比例不高。以我们2020年对城市中的骑手、快递员等农民工的调查来看,大部分农民工都属于劳务派遣,未与用人单位直接签订劳动合同,"五险一金"保障也就无法落实。尽管70%左右的农民工在老家缴纳了社会保险,但他们常常遇到异地就医报销难题,并且保险额度无法满足这些家庭的保障需求:乡村外出务工人员一般为家中的经济支柱,如果出现意外事故或重大疾病等巨大变故,他们即使回乡就医也会有大笔的医疗支出,同时会丧失收入,使整个家庭陷入困难。

再来看农业歉收风险。目前,我国绝大多数农业经营主体仍旧是小农户,[①] 每一个小农户背后都至少是一个乡村家庭。农业由于其生产经营的特殊性,更易受到自然灾害、意外事故以及市场价格波动的影响。据统计,2022年全年各种自然灾害造成农作物受灾面积12 071.6千公顷,直接经济损失达2386.5亿元。[②] 农业保险是农业生产经营户农业生产和农业增收的重要保障。从我们2023年对福建宁德乡村进行了调研的数据来看,27%的农业经营户投保了农业保险。对73%未投保农业保险的农业经营户进一

[①] 依据第三次农业普查数据,中国小农户数量占到农业经营主体的98%以上,小农户从业人员占农业从业人员的90%,小农户经营耕地面积占总耕地面积的70%。

[②] 参考 https://www.mem.gov.cn/xw/yjglbgzdt/202301/t20230113_440478.shtml。

步调查发现，除部分家庭农业经营规模较小，认为农业收入不重要外，阻碍农业经营户投保农业保险的前三个因素是："不了解农业保险""没有多余钱购买""没有合适险种，不符合生产需要"。

疾病、意外和农业歉收这些风险之所以被充分意识到，是因为它们具有冲击的即时性和发生相对高频的特征，但目前乡村保险保障能够覆盖风险的程度还不足。

愈加明显的"灰犀牛"—— 养老

老龄化在中国发展的速度之快，超过了很多人的观念转变速度。这个问题在乡村会更加严重，这种严重性不仅体现在老龄化比例上，也体现在人们的养老意识和现实的保险保障条件上。

2020年第七次人口普查数据显示，乡村60周岁及以上和65周岁及以上的人口比例分别为23.8%和17.7%，比城镇的相应数据分别高出8.0和6.6个百分点。由于人口普查十年才开展一次，这已经是几年前的数据，我们实际正处在加速的老龄化进程中。

乡村人口老龄化更加严重，这是长期经济社会变迁的结果，也并不是我国特有的情况。随着城镇对外来务工人员子女推出各种就学、就业等优惠政策，青少年儿童的留守人数开始减少，而更多的村庄出现了以老年人为主的居住现象，乡村家庭"空巢化"态势凸显。根据2018年卫健委的调查，我国乡村留守老人已达 5000 万人。①考虑到近几年人口城镇化进程持续加快，以及乡村人口老龄化快速提升的态势，留守老人占比将大大提高。

老龄化不仅会扩大对养老金的需求，对医疗保健的需求也会大幅上升。2021 年末，国务院新闻办举行《关于加强新时代老龄工作的意见》发布会，国家卫生健康委老龄健康司司长王海东在会上提到，我国老年人存在"长寿不健康"的问题：约 1.9 亿老年人有慢性病，另外还有 4000 万的失能老人。乡村地区由于卫生条件差、医疗水平低，"长寿不健康"的问题可能更加严重。

目前来看，乡村家庭的养老准备还非常有限。从养老模式来看，长期以来我国乡村形成了"养儿防老"的家庭养老习俗，但是城镇化使得大量劳动力离开乡村到城市或县城就业，家庭成员的分离使得乡村家庭养老模式不再现实。与此同时，户籍制度的限制仍在一定程度上使乡村老人随子女迁入城市面临困难，尤其是在医保等社会福利方面。

新冠疫情前的 2019 年末，CAFI 团队赴河北省易县访谈了几十位农民和小微企业主。因为离北京只有两个小时车程，许多受访者的子女都在北京或邻近的城市工作。当谈到是否能够"养儿防老"时，大家都笑着摇头，认为那是"古时候"的做法了。但当被进一步问到是否做了养老的各种准备时，这些子女已经离开

---

① 参考 https://www.caoss.org.cn/UploadFile/news/20188610182031821.pdf。

家的乡村居民却无言以对。这次访谈经历让我们意识到，很多乡村居民已经认识到时代变了，养老的方式也会改变，但对于如何变、如何准备，还没有认真想过。

为了应对老龄化的挑战，我国逐步建立起了由基本养老保险、企业年金和职业年金、个人储蓄性养老保险和商业养老保险"三支柱"养老保险制度。对于目前的乡村老人来说，则主要是由第一支柱和第三支柱起作用。从现实情况来看，乡村养老社会保险覆盖面广但保障水平却严重偏低。根据《2022年度人力资源和社会保障事业发展统计公报》推算，2022年全国城乡居民养老金平均水平为204元[①]，低于乡村低保的水平，不及城镇职工平均养老金的1/10。不同地区的差距也较为明显，有的省份城乡居民养老金平均只有百元左右，有的则有千余元。

家庭养老模式、社会养老保险保障水平低的现实，急需商业养老保险作为补充。市场上现有的商业养老保险产品主要有养老年金保险，以及基于此延伸出的个人税收递延型养老保险、专属商业养老保险等。从现有调查来看，当前大部分乡村家庭商业养老保险投保率较低，亟待多层次养老保险保障。

---

① 参考https：//www.caoss.org.cn/news/html?id=14046#:~:text=%E6%A0%B9%E6%8D%AE2022%E5%B9%B4%E5%BA%A6%E4%BA%BA%E5%8A%9B%E8%B5%84%E6%BA%90,%E8%80%81%E5%B9%B4%E4%BA%BA%E7%9A%84%E5%85%BB%E8%80%81%E9%9C%80%E6%B1%82%E3%80%82。

乡村家庭现有风险保障模式以社会保险为主，风险准备程度不足

前面种种证据都显示，如果我们理想中的乡村是老有所养、病有所医、在风险冲击中保持韧性的话，那么乡村则需要更全面的风险准备，以及与之相对应的保险保障生态。

社会保险是政府设立和管理的保险制度，带有一定的救济和福利性质，广泛覆盖但保障不充分。2023年初CAFI在宁德市乡村家庭调研中发现，仅参保社会保险的家庭中，55.08%的家庭认为保险覆盖不能满足家庭风险保障需求。2022年CAFI"财务日记"项目中对宜君乡村、平江城镇和上海城市低收入人群的调研发现，社会基本养老保险、社会基本医疗保险、商业保险参保率分别为84.9%、96.9%、33.9%。对未购买商业保险的家庭进一步调研发现，保险认知低、社保替代、信任危机①是阻碍家庭购买商业保险的最重要的三个因素。

乡村小微经营者的风险及其保险需求

乡村小微企业数字化转型急需新型保险保障

随着乡村小微企业加速数字化和智能化进程，它们迎来了新的挑战：如何有效预防和响应新设备、新技术所带来的风险。随

---

① 分别对应"对商业保险不了解""已有社保，认为没有必要""不信任，认为有欺诈"。

着市场变革的推动，这些企业不得不引进更多先进的技术装备，这些装备在提升生产效率的同时，也增加了运营中的不确定性。因此，为了确保稳定发展，这些企业急需新兴风险保险，以有效地转移和管理技术装备可能带来的各种潜在风险。

与此同时，电子商务的兴起也带动了乡村小微企业对相关保险迫切需求的增加。随着这些企业加速数字化转型，它们将更加依赖于电子商务和在线交易平台。然而，这些平台上存在着虚假交易、侵权盗版以及售后纠纷等风险，不仅可能导致经济损失，还可能引发法律风险。因此，为了在面对交易纠纷或侵权盗版问题时能够获得法律支持和赔偿，乡村小微企业迫切需要购买相关保险。此外，针对乡村产品尤其是农产品的销售，保险还能提供增信服务，帮助企业在市场竞争中获得更多信任和支持。

规模化的新型农业经营主体更加依赖农业保险

在农业的规模化、组织化和专业化生产经营趋势下，尽管农业的基本属性并未改变，自然风险与市场风险却变得更加集中和严峻。这种变化使得单个规模化的新型农业经营主体在面对相同的风险时可能遭受更为严重的损失。农业生产经营性收入对这些主体来说是主要来源，因此他们对农业保险的需求显得尤为紧迫。随着农业规模化发展，合适的保险保障能够帮助他们应对潜在的生产风险，确保他们在竞争激烈的市场环境中保持稳定和持续发展。

实际上，许多规模化经营的农民已经有了较高的风险防控意识。根据2021年我们在四川成都、山东临沂、江西赣州和吉安的调查数据，平均高达六成经营家庭农场、农民合作社的农户表示，即使没有政府补贴，他们也会购买农业保险。

但在保险产品的创造过程中，试点范围较小、难以实现规模效应的情况并不少见。例如，过去几年，成都产的冬草莓、赣州产的脐橙已经成为面向全国销售的水果。但在我们当年的走访中，不少种植这些水果的受访者都表示想买种植保险却买不到，或者曾经买到过但后来又停售了。未来一段时期，加强同品类农险产品的区域协调性、实现可负担的费率和可持续的规模效应，将是农业保险发展的重要内容。

除传统农业保险外，应对气候变化相关保险和农产品质量相关责任、保证的保险尤其需要增加。农业灾害每年导致约6亿亩作物以及超2亿人次受灾，其中70%~80%的损失都是由气象灾害所引起。2014—2018年，中国年均受灾面积占农作物总播种面积的13%；2018年，有统计数据的28个省级行政区的农业气象灾害损失总值超过740亿元。气候指数保险可以帮助农户将其农作物或农业产量与气象指标进行关联，如果气象指标达到或超过了事先确定的触发点，保险公司将向被保险人支付赔偿，从而有助于应对气候灾害，如干旱、洪涝等不可控气象因素带来的损失。另外，我国现代农业的发展更加注重农产品质量的提高，新型农业经营主体作为发展现代农业的中坚力量，更要在农产品质量保证上下功夫，把增加绿色优质农产品供给放在突出位置，这就增加了新型农业经营主体在农产品质量保证方面的保险需求。

信用保证类保险需求增加

乡村缺乏不动产担保品的现状使得乡村小微企业（尤其是小企业）在正规金融机构面临严重的融资难问题。缓解此问题的路径之一是加强银保互动，发展"信贷+保险"模式。此类信用保证类保险作为担保品替代信号，有助于缓解乡村小微企业所受的信贷约束，增加其信贷可得性和信贷额度。

普惠保险的中国机会：规模效应与保险科技

规模效应与保险科技结合起来，为我国普惠保险的发展提供了重要的机会。其优势首先就体现在降低成本上：通过规模化运作和保险科技的应用，可以显著降低保险产品的研发、销售和服务成本。大规模的客户群体和高效的技术平台使得每份保险产品的分摊成本大幅减少，从而让保险产品更加负担得起和普及化。这种成本的下降对于发展普惠保险尤为重要，因为它可以提供更多可负担的保险选择，吸引更多低收入群体进入保险市场。

大规模的数据和保险科技的应用也大大提升了风险管理能力，使得保险公司能够更准确地评估和管理风险。通过数据分析、人工智能和机器学习等技术，保险公司能够更好地识别和预测风险，进而设计出更加精准和个性化的保险产品。这种精准化的风险管理能力使得保险产品更具吸引力和可靠性，为更广泛的人群提供适合其需求的保护方案。

除此之外，保险科技还可以大大提升保险公司的服务范围和效率。通过互联网和移动技术，保险公司可以迅速扩展到偏远地区和边缘市场，为那些过去难以触及的群体提供保险服务。这种覆盖的能力使得普惠保险能够真正实现普及，让更多乡村经济主体享受到保险的保障和福利。

第七章　乡村也可以有财富管理服务

每个人，无论其财务状况如何，都可以从财富管理中受益。即使是在偏远乡村，即便当前面临窘迫拮据的财务状况，也应该平等地享有财富管理服务。

理而有财，还是有财再理？

人们常常认为理财是有钱人才要干的事情，毕竟有了"财"，才能"理财"。有钱人需要理财是不错，但是，当没有钱或者钱不多时，理财其实更为重要。

立个小目标：你的新年愿望是什么？

每到年末的时候，人们都会反思过去一年的得失，然后对新年生出期盼，其中通常不乏一些想要实现的目标，并为此做出计划和安排。

为什么我们需要目标和计划呢？虽然计划并不总能赶上变化，

但是，当有了目标和计划，我们就更有可能得到那些日常琐碎之外的"想要"。或许是通过某个考试，或许是坚持健康饮食、减重5千克，又或许是每月存下收入的20%，实现第一个存款小目标。

发现了吗？当我们把存钱和考试、减重等目标写在一起时，它看起来是这么自然且合理。就像我们有意识地把时间花在复习考试上一样，我们也可以把习以为常的、琐碎的挣钱和花钱行为，放到一个有目标的框架下。在这个过程中，我们会对自己的行为有更高的觉知力，对自己的财务状况有更紧密的观察和更清晰的认识。当一个人能做到按照目标存钱时，他实际已经在财富管理的旅程中迈出了重要的一步。

让财富管理成为美好乡村的稳定器和助推器

财富管理不只适用于富人，也适用于任何希望改善现状、实现财富目标和获得更美好未来的人。在乡村振兴的进程中，要想让乡村居民能够持续"过得好"，而不只是脱离绝对贫困，财富管理将会是一个宝贵的工具。

事实上，财富管理并不一定是高大上的金融服务。它可以由专业金融机构或专业人士提供，也可以由个人来选择适合自己的资产或工具组合。最关键的是，财富管理以人为中心，以目标为导向，帮助人们做好财富准备，应对现在、意外和未来的需求——有流动资金应对紧急需求，有保险保障缓解意外冲击，有长期储蓄或投资助推大大小小的梦想成真。

专栏7.1 外卖小哥的收入存多久可以买一套房？

在2019年末的北京中关村，业绩好的外卖小哥月收入可以超过万元，业绩差的也有六七千元。那个冬天，我们访谈了几十位在中关村附近"趴活"的外卖小哥。他们平均年龄只有30来岁，来自全国各地的乡村。

虽然来自乡村，但他们中的大部分都是在互联网时代成长起来的，网游、网购、消费贷等对他们来说都不是新鲜事物。好几位外卖小哥都表示会给游戏充值，每个月的收入差不多刚够自己花，或者给老家亲人转回去千把块后基本所剩无几。

在他们当中，有这样一位年轻人，他的收入还不错但不算最高的，平均月收入8000元左右。他每个月的刚性支出不少，包括在寸土寸金的北京租房、买"座驾"（外卖电动车）的分期账单、电动车的维护和充电费用、伙食费、电话费以及各种其他生活开支。这位小哥给人的第一印象并不深，在小组访谈中说话也比较少。但就是这样一位看似平凡的外卖小哥，在访谈中清晰而淡定地透露，他每个月可以从8000元的收入中存下五六千元。他的理财方式很简单：每个月存一笔定期。他计划3年后可以存够首付和简单装修的钱，在老家县城买一套属于自己的房子。

这是一个有些极端的例子，甚至会让人好奇：他住在哪里、吃的是什么？不过，这位外卖小哥能够非常清晰地给我们列举出他每个月每一类花费的大致范围。这意味着，他心中是有数的。虽然他的财富管理方案并不完整，所采用的金融工具也十分单一，但他对自己的财务状况有很好的掌控，打通了从"想要"到"做到"的路径。

毫无疑问，这位外卖小哥做出了不少极限省钱的消费选择，也许并不适合大多数人。但从这个例子中可以看到的是，如果我们只是等待有了财再去考虑理财的事情，而不是先整理自己的经济状况、计划可以让自己有财的行动，那么这种等待很可能是等不来结果的。

财富管理是一种觉知、一个目标框架和许多实现方法——每个人都可以有自己的选择，每个人都可以更清楚自己的财务状况，我们应该有意识地让财富流向自己真正想要的东西，去实现自己的财富目标。

不妨开一点脑洞："乡村私人银行"了解一下

私人银行是银行服务高净值客户的部门，在我国通常有金融资产达百万美元或千万元人民币的服务门槛。私人银行的高门槛让银行能够雇用富有经验的专业人士，为这些客户提供高端、定制化的服务。

财富管理服务通常只有主流银行的特定部门才能提供，那偏远乡村的家庭还有可能享受到这种服务吗？

让我们来捋一捋财富管理服务的主要步骤。首先，我们需要了解客户及其财富管理的具体目标。通过深入分析客户的财务状况和长远目标，我们能够为他们制定个性化的资产配置策略，选择最适合的产品和服务。一旦策略确定，我们便开始投资执行，并持续监控投资组合的表现和市场环境变化。[①] 在这个过程中，定期的报告和客户沟通是保持透明和沟通的重要方式，这有助于客户了解他们投资的进展，并在必要时进行调整。同时，我们也要时刻关注风险管理和监控，确保客户的投资组合在可接受的风险范围内运作，提供相关的风险管理建议和策略。最后，财富管理也包括教育客户有关财务和投资决策的最佳实践，并为客户提供专业的咨询服务，帮助他们做出基于全面分析的明智决策。

乍看这些步骤似乎非常复杂，但如果我们尝试对潜在的乡村客户进行了解和画像，可以发现他们需要的并不是全球投资组合，而是具备完整金融功能、贴近他们需求的服务。他们更关心的是能够简单理解和操作的金融产品，这些产品能够帮助他们管理家庭预算、规划子女教育、应对突发费用，以及实现未来的理财目标。

在这个理解的基础上，我们可以对每一个步骤进行审视，尝试回答下列问题：基于目标客群特征，哪些步骤必须面对面服务，哪些步骤可以通过数字化方式实现？流动性、保障性、增值

---

① 还可能包含税务规划和财富传承规划。

性等功能可以通过怎样的服务实现？哪些服务需要取得新的金融牌照，可以通过怎样的流程提供服务？这些流程需要怎样的组织体系支持？成本、利润和现金流预期如何？以及实现商业可持续的可能途径有哪些？等等。

金融科技的发展正在给我们带来越来越多的可能性，让我们有机会跳出思维定式，创造新的财富管理可能。下面我们来看一个来自印度的案例。这家叫作 Dvara KGFS 的非银行金融机构，将财富管理作为服务方法，专门服务印度乡村和城乡结合部受到金融排斥的个人与企业。

专栏 7.2　财富管理作为一种方法
——偏远乡村的开门之人 Dvara KGFS[①]

Dvara 是门的意思，成立于 2008 年的 Dvara KGFS 希望成为印度偏远乡村的开门之人。Dvara KGFS 由 Dvara Trust[②] 组建，其使命是"确保每个个人和每个企业都能获得全面的金融服务"。该组织采用一种独特的分支机构业务模式，即"Kshetriya Gramin Financial Services"（KGFS），意为"区域乡村金融服务"——聚焦偏远乡村社区，提供本地化金融服务组合。

---

① 本案例材料整理自 Dvara KGFS 官网公开信息及年度报告：https://www.dvarakgfs.com/。
② Dvara Trust 是一家私人信托公司。

Dvara KGFS 商业模式最突出的特征是，将财富管理作为一种方法——以客户为中心，在技术模型的支持下，基于一个包含计划、成长、保护和多样化（plan, grow, protect, diversify）四个部分的框架，收集资产、负债、收入、费用等信息并生成财务报告，针对不同的客户推出最能提升其金融福祉的一揽子（代理）产品组合，为偏远乡村的客户提供"私人银行式"的服务。

为了使在村庄设立实体分支机构的模式可持续，Dvara KGFS 通过提供多种金融服务（包括储蓄、汇款、保险、贷款和投资）来实现范围经济。这样每个产品的运营成本大幅降低，使得 Dvara KGFS 能够以低成本产品的形式服务客户。

每个 Dvara KGFS 的分支机构都是混合、低成本和精简的前端，作为与客户的接触点。由于这些乡村接触点的存在，Dvara KGFS 能够深入了解乡村家庭的金融需求，这是产品创新和定制的关键组成部分。

许多印度乡村客户从前不仅难以获取主流金融服务，甚至得不到那些金融机构工作人员的基本尊重。Dvara KGFS 的工作人员在交流中透露出的尊重、友好、理解，使得偏远乡村的客户第一次享受到了平等的金融权利，可以通过公平交易获取金融支持并创造自己想要的生活。工作人员为客户提供金融教育，详细地解释不同产品的特征，帮助他们为家庭做出更好的金融决策。

每一家 Dvara KGFS 的分支机构都是本地化的，但技术后台却是高度集中化和自动化的。Dvara KGFS 的工作人员会上门服务，包括拍照、留取指纹、注册，然后让客户选择需要的产品，可以当场批准贷款。

Dvara KGFS 的十条服务准则较为充分地体现了他们的服务方式：

1. 我们上门服务，不带任何偏见。

2. 我们以客户为中心。

3. 我们以尊重和尊严对待客户及彼此。

4. 我们相信金融工具的可得性创造行动的能力。

5. 我们致力于获得专业性并坚持使用金融的语言。

6. 我们进入一个地区并坚守到完成使命为止。

7. 我们懂得盈利是成功的关键。

8. 我们提供迅捷的服务。

9. 通过持续的创新和改善，我们会超出自己的预期。

10. 我们相信精英管理。

基于印度国情和经济基础，Dvara KGFS 最初的主要金融产品为连带责任小组贷款（Joint Liability Group，JLG），一般由 4~10 个人组成小组，通过关系为纽带形成担保机制并获得贷款。这一类贷款主要面向不能获得银行服务的女性，在为其提供贷款服务的同时也助力女性社会地位的提升。此外，Dvara KGFS 也会提供用于购买珠宝的消费信贷和用于农业生产的经营信贷。随着业务的发展，Dvara KGFS 认为需要将私人银行领域的财富管理概念延伸落实到更多的长尾端群体中——客户可以在金融从业人员的专业咨询帮助下，选择量身定制的金融服务组合，以最大限度地改善家庭的财务状况。

于 Dvara KGFS 而言，普惠金融的核心是坚信家庭需要多样化的金融服务。这种理念落实到财富管理的运营中，则是将信贷、保险、储蓄和汇款、财富管理等业务综合提供给适合的家庭。特别是养老金和保险服务，已经成为 Dvara KGFS 客户的新关注点。Dvara KGFS 曾经统计，仅有 3% 的客户只享受过其贷款服务，仅有 13% 的客户只享受过其除贷款外的其他服务，84% 的客户则是在财富管理的理念下享受多元化的金融服务。目前，养老金投资计划和黄金投资计划已经成为其非贷款业务的主要营收来源。

截至 2024 年 6 月，Dvara KGFS 在印度 10 个邦的 108 个行政区域共计开设 399 家分支机构，并通过 10 304 个代理在 23 362 个村庄提供服务。成立以来累计触达 250 万客户，帮助 139 万客户获得了保险，发放了 1018 亿卢比的贷款，管理着 234 亿卢比的资产。

第八章　创投也有"乡村版"

"我们已经做到'能贷尽贷'了，但主要还是缺乏产业。"在近年来跋山涉水的调研途中，我们不时会听到这样的话，也会遇到眼中同时透着茫然与渴望的朴实农民，他们不怕辛苦，就是想知道做什么能改善生计。这就落到乡村发展常常会面临的一个问题上——产业从哪里来？产业创造固然是一个复杂议题，但如果从金融部门可以发挥哪些功能、可以提供哪些专业服务的角度来反思这个问题，可以发现创业投资（以下简称"创投"）往往被忽视了。[1]

打工还是创业？

"打工者"与"创业者"有何区别？对于劳动力市场而言，前者可能成为社会的就业压力来源，后者则能为社会创造新的就业机会。

---

[1] 本章参考中国普惠金融研究院出版的"普惠金融研究前沿系列丛书"之《新起点——构建普惠金融生态体系》，并根据本书框架进行了更新。

实际上，在我国广袤、分散又多元的乡村地区，亿万农户是天然的"创业者"——今年种哪些作物，养鸡、养兔还是养猪，要不要盘下更多的土地，要不要借钱来扩大规模，是否购置农机具，要不要多请几个帮手，这些看似普通的农业经营活动，正是广大农户习以为常的"创业活动"。此外，随着城镇化范围的不断扩大，为数众多的灵活就业者要么正在创业的途中，要么心怀着创业的打算。例如，我们在针对北京地区外卖员的一项访谈调查中发现，平均年龄约30岁的外卖员大多因为"灵活""自由""低门槛"而选择了这份工作。当被问及未来的打算时，多达四成的受访人表示希望存够一定积蓄后返乡创业。

正如最初把27美元借给了42位微小经营者，于2006年获得诺贝尔和平奖的穆罕默德·尤努斯所言："我们在地球上的数百万年里，从来没有为任何人工作过。我们是积极进取的人，我们是农民，我们是猎人，我们住在山洞里，我们自己找到了食物，我们没有发求职申请。所以，这（创业）是我们的传统。"

以广义视角看创投

接下来我们将从广义视角讨论创投，比专门的创投行业还要广。①

无论是在海上捕鱼、在街角开一家杂货店，还是饲养一群羊羔，只要是创造生计、创造事业的活动都应该被视为创业。这意味着，创业并不只是关于成型的"企业"，相应地，广义的创投可以理解为支持普罗大众创造生计、创造事业的投资活动。

那么，广义的创投与普惠贷款有何不同？我们认为区别重点体现为四个方面。

融资条件

对于初始的创业活动而言，广义创投的融资条件更为友好。因为无论是从信用记录、财务报表、经营记录，还是抵质押物来看，许多初始的创业活动都可能无法满足贷款要求，却可能获得创投支持。

资金提供方式

广义的创投以更多样化、更"耐心"的方式提供资金，既可能通过贷款的形式，也可能以股权、债务、股债混合等多样化的形式来完成。

---

① 对于专门的创投机构或者创投行业而言，狭义的创投主要是对未上市创业企业提供增量资本投资，而广义的创投要在此基础上加入国内通常所说的股权投资基金（国外称为并购投资基金）。

风险分担

因着资金合约的内容不同，二者所承担的风险也不同。但通常情况下，创投的投资者比普惠贷款供应商承担了更高的风险，因为大部分情况下他们的投资是直接与所投对象的业绩和市场表现挂钩的。如果创业项目失败，投资者可能会丧失部分或全部投资。

我们也可以从追索权的角度来看。当企业进行清算时，股权通常被视为最后一级（最低优先级）。这意味着，股东通常是最后一个获得资金的权利人。股东的权益是与企业的剩余价值相关联的。相较而言，债券和贷款通常都被视为有优先权的资本结构。根据债券的条款，其优先级可能优于贷款。

能力建设支持

创投的投资者通常会积极参与企业的管理和决策，可能提供市场研判、经营管理、财务管理、资源网络搭建等能力建设支持。

资金提供和风险分担方式共同决定了创投对所投资的生产经营活动有更大程度的所有权、主动权和利益协同效应，也就顺理成章地倾向于提供各类能力建设支持。

举例而言，若以广义创投的视角审视尤努斯及格莱珉银行提供的"小额贷款"，可以发现其虽有"银行"或"贷款"之名，实际却是一套服务最底层人士的微型创投机制。

表面上看，格莱珉银行提供的是整贷零还的小额贷款，但实际上它从来都没有起诉过借款人，而是采用延期、续贷以及小组成员互相监督和帮助的方式缓解借款人的短期还款问题，只要小组仍然在运转，一笔未能按期偿付的还款就还在经济活动当中发挥作用，并且因为额度足够微小，偿还也是相对容易解决的问题。因此，这种没有强制性后果的借款实际并不是传统意义上的贷款，比一般的贷款合同条款更加"耐心"。不仅如此，小组成员之间的监督、帮助形成了一种对贷款供应商而言成本极低的能力建设机制。无论多小的商业创意，其规划、预算都需要经过小组成员的比较和论证，并且在持续开展的小组聚会上接受质询，这种互相交流、互相学习的机制帮助了众多原本地位极低的赤贫女性成长为更强大的创业者。

因此，除了专门的创投机构/基金提供的投早投长投小的创投服务，部分贷款供应机构实际也扮演了类似的角色，尤其是那些能够提供长期贷款和能力建设支持的供应商。例如，我们将在后文中提到的肯塔基高地投资公司供应的微型企业贷款期限可达10年，小企业贷款期限更是可长至15年。

扎根乡村社区的风险投资

风险投资的发展对20世纪90年代美国的经济繁荣，尤其对新兴的高科技领域起到了巨大的推动作用。然而，在美国乡村地区，缺乏获得资本的渠道成为制约当地初创企业发展的一个重要因素。由于配套基础设施有限、交易流量小、产业缺乏创新性，乡村地区往往被认为不能带来可观的回报率，因而传统的风险投资机构更倾向于投资位于商业繁荣地区、能够带来快速增长的产业，如计算机软件、生物技术等。在被传统风险投资机构忽视的情况下，乡村地区的创业资金需求难以得到满足。在 2001 年，美国乡村地区建立了占美国企业总数 17% 的企业，但其中只有 1.6% 的企业得到了风险投资，仅占美国风险投资总额的 0.8%（Hughes et al.，2005）。与之形成鲜明对比的是，在 2006 年，美国近 50% 的风险投资流向了硅谷及新英格兰地区（Moncrief & Vanderhoofven，2006）。乡村地区成为被资本忽视的空白地带，从美国蓬勃发展的风险投资行业中收获甚少。

驱动乡村发展的社区发展风险投资

21 世纪初，互联网泡沫破灭后几年又发生金融、经济危机，美国乡村地区越来越难通过吸引制造业或获取联邦政府的高额补贴来振兴地方经济，不得不寻找源自自身的驱动力。作为在乡村发展壮大的一种发展性投资形式，社区发展风险投资（Community Development Venture Capital，CDVC）对美国乡村经济的发展起到了重要作用。社区发展风险投资专注于通过投资带动中低收入社区的经济发展，同时期望获得社会和财务上的双重回报。该类投资涉及的行业及地区广泛，重点关注初创企业，投资数额灵活。除了增加中低收入地区的风险投资供应外，该联盟还致力于提升该地区的工作岗位质量，包括托儿、通勤、体检等多项福利措施。因此，社区发展风险投资通过创造就业机会、完善社会保障、促进经济发展，为乡村发展带来了可持续的社会影响。美国的社区发展风险投资突破了传统风险投资机构的固有偏好，在保证一定回报率的情况下向弱势群体倾斜，满足了市场上未被充分满足的需求，完善了乡村金融服务的结构，形成了投资人与被投资人的双赢局面，打造了可持续的发展模式。

专栏 8.1 乡村风投的开拓者——肯塔基高地投资公司

作为美国第一只专注于乡村发展的风险投资基金，肯塔基高地投资公司（Kentucky Highlands Investment Corporation）以提供投资及管理支持来促进乡村就业及经济社会发展为使命。该公司提供风险投资时既关注被投资人的背景，希望把资金投给最需要支持又难以得到支持的弱势群体，同时关注所投资的企业带来的社会及环境影响，从而在保证一定经济回报的基础上，让投资为改善社会发挥尽可能大的价值。自 1968 年成立到 2018 年间，肯塔基高地投资公司帮助肯塔基州阿巴拉契亚山脉周边的县域乡村地区创造或维持了 25 000 多个就业机会，向 811 家创业企业提供了约 4.23 亿美元的直接投资，平均投资额度仅约 52 万美元，改善了许多家庭的生活，并且维系了公司 50 年来的繁荣发展。作为肯塔基高地投资公司的投资对象，格蕾丝社区健康中心（Grace Community Health Center, Inc.）是一家成立于2008年的私人非营利公司，致力于为患者提供优质的护理与治疗服务，并且协助患者申请保险或医疗补助计划，减少患者在经济方面的顾虑。这样的公司对于人均医疗水平远低于全国平均水平的肯塔基州乡村地区意义重大。成立后的8年间，该公司已经为超过一万名患者提供服务，并且创造了一个具有深远影响的可持续医疗服务提供模式。肯塔基高地投资公司在该健康中心成立一年后的关键融资期为其提供了一笔贷款，从而帮助其购买更多的医疗设施，这笔投资也成为格蕾丝获得持续成长的关键因素，帮助其造福了更多有经济困难的患者。

不止于信贷的小额信贷

除了被称为创投或风投的组织，部分服务于微弱经济体的小额信贷实际也扮演了创投的角色。2019年诺贝尔经济学奖得主班纳吉（Banerjee）和迪弗洛（Duflo）在其畅销书《贫穷的本质》中写道："人们将小额信贷描述得就像是希腊神话中的一个角色（双头怪物）——兼具赢利使命与社会使命——而且据大家所说，其在两方面都取得了令人瞩目的成就。"通过随机对照实验，两位作者发现小额信贷对于创业具有显著影响。他们在印度海得拉巴市的研究表明，在15个月间，实验组开始做新生意的家庭从5%左右上升至7%以上。与此同时，他们还发现实验组中经营生意的家庭并没有盲目消费,而是节衣缩食,充分利用新的机会。不过,《贫穷的本质》也强调了单纯的放贷行为并不足以"发现企业家"。虽然也有通过小额信贷的支持最后发展为大企业的实例,但毕竟从业务性质来看,"小额信贷鼓励其客户进行安全交易",上述实验结果虽然显著,但也"算不上一场革命"。

结合前述格莱珉银行以及其他国内外经验,我们认为对小额信贷与微弱经济体可持续发展的关系应该有更加客观和层次化的认识。

首先,并非所有小额信贷都是由负责任的供应商提供的,有些甚至是挂着小额贷款之名的诈骗组织,因此我们可以很容易地发现舆论对小额信贷的利弊分歧。

其次,负责任的小额信贷并非全都服务于微弱经济体的创业活动,甚至不一定是生产经营活动,也可能是子女教育等应急响应方面。无论是用于生产还是生活,负责任的小额信贷为微小的经济主体提供了改变生活现状的机会,就像1998年诺贝尔经济学奖得主阿马蒂亚·森所说的:"一种实现有理由珍视的生活的能力。"

最后,支持微弱经济体创业要求小额信贷供应商具备更高的能力,包括对当地经济现状与前景的深刻认识,以及可以为微弱创业者提供能力建设支持。相应地,专门支持微弱经济体创业的小额信贷机构可能并不多,但负责任的小额信贷机构可以通过机制的创新、资源的整合而有所作为。

第九章　乡村金融离不开资本市场

当谈到乡村金融时，我们多半想到的是，乡村的偏远、乡村经济主体的微小和多元，似乎和大规模、标准化及国际化的资本市场服务不太沾边。但我们也知道，资本市场是现代金融的核心和基石。只有当乡村金融实现了与资本市场的贯通，才可以说真正实现了通透的循环。通过前面一章我们了解到，创投也有"乡村版"。本章我们继续探讨，为什么说乡村金融实际上是离不开资本市场的。我们将通过国内外的案例，介绍股权市场、债券市场（含资产证券化）及衍生品市场可以如何服务乡村振兴。这将让我们的意识中生长出更灵敏和全面的金融"突触"，能够在面对发展需求时连通更多可能。

多层次股权市场

近年来，我国不断完善多层次股权融资市场建设，基本形成了主板、创业板、科创板、新三板、区域性股权交易市场等的

"金字塔"体系，市场包容性和覆盖面正在不断提高和扩大，也为服务更多不同类型、不同发展阶段的乡村市场主体提供了可能。

农业食品领域 IPO 加速

过去 30 余年来，我国农业食品领域的 IPO（首次公开募股）呈现出逐渐加速的状态。截至 2023 年末，我国共有 300 余家农业食品领域的上市公司，分布在从农林牧渔业到农业服务、农业投入品生产、农产品生产、农副食品加工、食品制造、农产品流通等诸多细分领域。2020 年以来，农业食品上市公司增加的速率大约是 2019 年及之前 10 年的两倍、2009 年及之前的四倍。[①]

贫困地区 IPO "绿色通道"

在脱贫攻坚阶段，资本市场还特别为贫困地区开辟了 IPO "绿色通道"。2016 年，中国证监会发布了《关于发挥资本市场作用 服务国家脱贫攻坚战略的意见》，特别提出要"支持贫困地区企业利用多层次资本市场融资"，为贫困地区企业首次公开发行股票、挂牌新三板、发行债券、并购重组等开辟了绿色通道。

[①] 参考和君咨询《中国农业上市公司白皮书（2023 年）》（https://www.hejun.com/page92?article_id=2553）及艾格农业联合全联农业产业商会与京瓦中心共同发布的《2023 年中国农业食品投资年报》（https://www.163.com/dy/article/IQ8PJAN60518N443.html）。

符合条件的企业适用"即报即审、审过即发"的政策，该政策引导资金流向贫困地区，缓解贫困地区存在的资本稀缺问题。由于贫困地区通常是欠发达的县域，IPO"绿色通道"实际是资本市场支持乡村发展的实例。

2016—2020年，我国证券行业服务了26家贫困地区企业通过IPO"绿色通道"政策发行上市，累计募集资金178亿元。

新三板和北交所支持涉农企业融资

近年来，新三板与北交所市场持续支持涉农企业融资。新三板对欠发达地区和民族自治区企业在新三板挂牌融资延续"专人对接、专项审查、即报即审"的便利政策，以较高的审查效率便利了这些地区的企业在资本市场融资。中国人民银行发布的《中国普惠金融指标分析报告（2022年）》显示，截至2022年末，新三板涉农挂牌公司275家，总市值932.35亿元；北交所涉农企业4家，总市值29.68亿元。

区域股权交易中心支持县域融资、设立"乡村振兴板"

中国证券投资基金业协会数据显示，截至2020年末，在34家区域性股权市场中，县域挂牌展示企业28000余家，各区域性股权市场助力县域企业实现各类融资近1000亿元。[①]

[①] 参考https：//cs.com.cn/xwzx/hg/202102/t20210204_6137435.html。

2018年《乡村振兴战略规划（2018—2022年）》印发以来，许多省份的区域股权交易中心都设立了支持乡村振兴的特别板块。例如，2019年，天府（四川）联合股权交易中心即设立了"天府农业板"，截至2024年5月，共有92家企业在该板块挂牌展示。又如，2021年11月，广东股权交易中心"乡村振兴板"开板，截至2023年末，在广东乡村振兴板挂牌展示的企业合计达到464家。

乡村振兴基金开展私募股权投资

乡村振兴基金是各级财政或政府投资基金通过单独出资或与社会资本共同出资设立的私募股权投资基金。乡村振兴基金围绕乡村振兴战略，以农业供给侧结构性改革为主线开展投资，推动产业结构升级和一、二、三产融合，最终助力地方实现农业农村现代化。截至2023年末，全国已经有25个省份设立了乡村振兴基金，一共177只，总计管理规模达到1642.4亿元。[①]

从以上数据可以看出，我国的多层次股权市场已经开始在乡村发展中扮演愈加重要的角色。从长远来看，成熟的多层次股权市场不仅可以为乡村企业提供多样化的融资渠道，促进其技术创新和生产能力的提升，还可以帮助乡村企业获得更广泛的社会认可，有利于拓展市场，增强竞争力。此外，股权市场的规范与监管也有助于提升乡村企业的治理水平，有助于增强企业长期发展

---

① 参考《2023年乡村振兴基金绿皮书》。

的稳定性，从而为乡村地区维持和创造更多高质量就业岗位，在乡村社会发展中发挥重要作用。

债券发行和资产证券化

2018年以来，多份关于金融支持乡村振兴的政策文件，包括《关于金融服务乡村振兴的指导意见》《关于金融支持巩固拓展脱贫攻坚成果　全面推进乡村振兴的意见》《关于做好2022年金融支持全面推进乡村振兴重点工作的意见》等，都提到了通过债券市场融资形式支持乡村振兴，如专项金融债、地方政府专项债等。过去几年，我国债券市场在促进乡村发展中取得了不少进展，与乡村振兴相关的新券种得以发行，未来还有望逐渐丰富支持乡村发展的债券和资产支持证券产品。

"三农"专项金融债

早在2013年，银监会就发布了《关于商业银行发行"三农"专项金融债有关事项的通知》，明确了商业银行发行"三农"专项金融债的条件和要求，特别明确了"三农"专项金融债是"募集资金专项用于发放涉农贷款的金融债券"。截至2023年12月末，"三农"专项金融债券累计发行1481.5亿元。[①] 其中，2018—2023

---

① 参考 https：//finance.sina.cn/2024-02-04/detail-inafwceh8890820.d.html?from=wap。

年,"三农"专项金融债共发行 48 笔,总规模为 1171 亿元。① 尤其是 2021 年以来,发行量逐年大幅提升,从 2020 年发行规模不足百亿元,增长至 2023 年的 592 亿元。② 之前的"三农"专项金融债以城、农商行发行为主,最近三年大型银行和股份制银行也更多地发行此类债券,为涉农贷款筹集资金。

专栏 9.1　债券市场——美国农业合作金融系统的主要资金来源

农场信贷系统（Farm Credit System）是美国的农业合作金融系统,目前主要包含 67 家农场信贷协会、4 家农场信贷系统银行、1 家农场信贷融资公司以及 1 家为农业和乡村基础设施贷款提供二级市场的联邦农业抵押贷款公司（Farmer Mac）。

不同于许多欧洲国家合作金融体系或美国本土的信用社（Credit Unions）,美国的农场信贷系统中直接面向农民的农场信贷协会是不吸收存款的,而是通过 4 家农场信贷系统银行及它们所拥有的农场信贷融资公司在资本市场发行债券和贴现票据获得资金。然后,农场信贷系统银行再把资金批发给各地的农场信贷协会。

---

① 参考 http：//www.chinabanker.net/News/Info?id=1165。
② 参考 https：//www.thepaper.cn/newsDetail_forward_25898871。

在此基础上，在纽交所上市的联邦农业抵押贷款公司还为农业信贷提供二级市场。该公司是美国的一家政府支持企业（GSE），其成立的目的是为农业地产和乡村住房抵押贷款提供二级市场。联邦农业抵押贷款公司通过在资本市场发行债务证券（debt securities）来筹集资金，然后用这些资金从银行和农业信贷协会等贷方购买农业抵押贷款。这一过程为农业贷款市场提供了流动性，使贷方能够发放新贷款，同时将与这些贷款相关的风险分散转移给二级市场的投资者。可以看出，联邦农业抵押贷款公司在运作方式上与房利美和房地美等其他政府支持企业类似，但它专注于农业和乡村领域。

地方政府乡村振兴专项债

乡村振兴专项债是由省级政府发行的用于乡村振兴领域的项目收益债。农业农村部、国家乡村振兴局联合印发的《社会资本投资农业农村指引（2022年）》指出："支持地方政府发行政府债券用于符合条件的乡村振兴公益性项目，发挥专项债券资金对促进乡村振兴作用。"[①]

此类债券募集资金主要用于高标准农田建设、智慧农业和数字乡村等有一定收益的、公益性乡村振兴建设项目。发行乡村振兴专项债的地方政府和项目须满足两个基本条件：一是需要发行

---

① 参考 http：//www.moa.gov.cn/govpublic/CWS/202205/t20220516_6399367.htm。

债券的地方政府债务率不能超过80%；二是需要通过发债融资的项目，其项目本身收益覆盖率不能低于1.2倍。①

2018年8月，四川省政府成功发行全国首单乡村振兴专项债。该债券资金拟用于四川泸县乡村振兴项目建设，包括宅基地制度改革、产业发展、基础设施、生态环境保护4大类。② 截至2023年末，地方政府乡村振兴专项债共发行80只，发行金额1029亿元。③

乡村振兴票据和专项公司债

2021年3月，中国银行间市场交易商协会正式推出乡村振兴票据，即非金融企业在银行间市场发行的，募集资金用于乡村振兴的债务融资工具。此类票据对乡村振兴用途的占比要求相对宽松——"当期债项募集资金中拟用于乡村振兴用途占比应不低于30%，可用于乡村振兴项目建设、偿还乡村振兴项目借款、补充乡村振兴项目营运资金；其余部分可用于企业其他正常生产经营活动"④。截至2023年末，乡村振兴票据共发行264只，累计发行金额1989亿元，其中918亿元用于乡村振兴领域。⑤ 乡村振兴

---

① 参考https：//m. thepaper. cn/newsDetail_forward_3965718。
② 参考https：//www. gov. cn/xinwen/2018-08/22/content_5315705. htm。
③ 参考https：//www. sohu. com/a/783680439_522914。
④ 参考https：//www. nafmii. org. cn/cpxl/zwrzgj/bdffdxfcp/tsyt/202112/t20211201_94659. html。
⑤ 参考https：//finance. sina. cn/2024-01-26/detail-inaevhpk4878436. d. html。

票据发行人涵盖央企、地方国企、民营企业、公众企业和中外合资企业等各类主体，券种主要为中期票据和超短期融资券，合计发行金额占比达 85.5%[①]。

2021 年 6 月，沪深交易所在原有扶贫专项公司债基础上推出乡村振兴专项公司债。相较而言，此类债券对资金投向乡村振兴领域的比例要求更高——"募集资金投向乡村振兴相关领域的占比应不低于 70%"[②]。截至 2023 年末，乡村振兴专项公司债共发行 175 只，发行金额 877 亿元。乡村振兴专项公司债发行人主要为央企、地方国企和民营企业，券种以私募债为主，占比为 71.6%。

专栏 9.2　资产证券化的运作模式

除了债券发行，资产证券化也是重要的债市融资渠道。资产证券化（Asset Backed Securitization）是指以基础资产所产生的现金流为偿付支持，通过结构化等方式进行信用增级，在此基础上发行资产支持证券的业务活动。我国于 2005 年正式启动信贷资产证券化试点，经过十多年的发展，资产证券化市场规模快速扩大，产品类型日益丰富，制度框架逐渐完善。从基础资产来看，

---

① 参考 https：//www.sohu.com/a/783680439_522914。
② 参考 https：//docs.static.szse.cn/www/disclosure/notice/general/W020210713654171796934.pdf。

我国资产证券化主要分为四类，分别是信贷资产证券化（信贷ABS）、企业资产证券化（企业ABS）、资产支持票据（ABN）和保险资产证券化（保险ABS），见图9.1。

信贷ABS
银行业金融机构作为发起机构，基础资产是银行等金融机构的信贷资产及金融租赁资产
银行间市场

ABN
发起机构为非金融企业，基础资产是可特定化的财产、财产权利或财产和财产权利组合
银行间市场

企业ABS
发起机构为非金融企业，基础资产是未来能够产生现金流机构的资产，如债权、收益权等
交易所市场

保险ABS
保险资产管理公司作为受托人设立支持计划，面向保险机构等合格投资者发行受益凭证的业务活动

图9.1　我国资产证券化产品分类

我国资产证券化的运作模式主要有两种，一是依据《信托法》，以信托公司设立"特定目的信托"为载体，主要适用在银行间债券市场发行和交易的信贷资产证券化和资产支持票据产品；二是依据《证券公司及基金管理公司子公司资产证券化业务管理规定》，以证券公司或基金管理公司子公司成立的"资产支持专项计划"为载体，主要适用在交易所市场发行和交易的企业资产证券化产品。[①]

在交易结构中，以信贷ABS为例，发起机构先将信贷资产信托给受托机构（信托公司），受托机构以"信托财产"为支持向

---

① 本章资产证券化相关内容参考中国普惠金融研究院出版的"普惠金融研究前沿系列丛书"之《新起点——构建普惠金融生态体系》，并根据最新数据进行了更新。

投资者发行资产支持证券,将所得的募集资金的净额支付给发起机构,并以信托财产未来产生的现金流为限支付投资者收益。贷款服务机构(往往由发起机构或其附属机构担任)负责基础资产监控、本息回收和催收,以及违约资产处置等基础资产管理工作(见图9.2)。

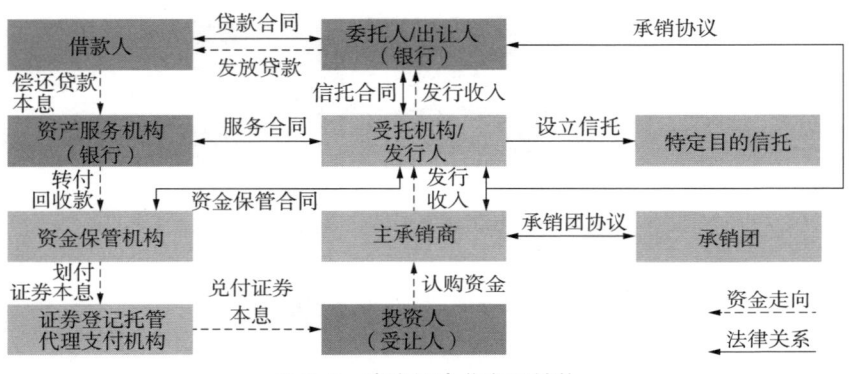

图9.2 资产证券化交易结构

在发行方式上,在银行间债券市场发行的资产支持证券没有投资者人数限制,且可公开宣传募集,可以公募方式发行;在交易所发行的资产支持专项计划则须面向合格投资者发行,且发行对象不超过200人,不能采用广告、公开劝诱和变相公开方式推广,属于私募产品。在风险自留方面,为了保证发起机构与投资者利益一致,在银行间债券市场发行的信贷资产证券化设有5%的风险自留规定;证监会对企业资产证券化原始权益人的风险自留没有明确规定,但在实际操作中,原始权益人通常参照信贷资产证券化的做法,持有不低于发行总额5%的次级证券。

小额贷款资产证券化

截至 2023 年末，全国共有小额贷款公司 5500 家，实收资本 7205 亿元，贷款余额 7629 亿元。作为普惠金融最初始的探索形式，小额贷款公司有效丰富了我国金融体系，为许多乡村小微经营者缓解了融资困境。同时，小额贷款模式也促使民间资本以合法化、合理化的方式参与金融体系，提高了资金的使用效率。然而，对于许多有成长客群的小额贷款公司而言，由于不能吸收存款，资金来源渠道受限，如何盘活存量资产、提高金融资源配置效率是现实且急迫的问题。

小额贷款资产证券化为盘活小额贷款公司资产提供了一个可操作的模式，其具有一般资产证券化的特点，包括构建特殊目的实体、风险隔离、信用增级、风险自留等。但与商业银行信贷 ABS 呈现的封闭式结构不同的是，由于小额信贷期限短、额度小等特点，小额贷款 ABS 采用了基础资产循环购买的结构，对短期信贷资产进行延伸，利用老的短期资产的现金流来购买新的短期资产，以达到支持长期债券发行的目的。

银行业金融机构资产证券化

与小额贷款资产证券化类似，银行业金融机构的证券化基础资产主要也是各类贷款，同样盘活了存量信贷，提高了资金使用效率。与小额贷款资产证券化不同的是，信贷资产证券化是银行业金融机构作为发起机构，将信贷资产信托给受托机构，由受托机构以资产支持证券的形式向投资机构发行受益证券，以该财产所产生的现金支付资产支持证券收益的结构性融资活动。此外，银行信贷资产证券化在中债登登记托管，在银行间市场发行和交易，而作为企业资产证券化的一类，小额贷款资产证券化在中证登登记托管，通过上交所或深交所进行交易。

信贷资产证券化拓展了银行业金融机构的负债边界。2018年6月25日，人民银行、银保监会、证监会、发展改革委、财政部联合发布《关于进一步深化小微企业金融服务的意见》，对银行业金融机构通过发行小微企业贷款资产支持证券盘活的小微企业存量贷款，在考核小微企业贷款投放时可还原计算；将金融机构持有小微企业金融债券和小微企业贷款资产证券化产品情况纳入信贷政策导向效果评估内容。同年10月，中国银行间市场交易商协会发布《微小企业贷款资产支持证券信息披露指引（2018版）》，鼓励微小企业资产证券化发展，随后微小企业贷款资产证券化频繁落地。

专栏 9.4　泰隆银行发行微小企业贷款资产支持证券

浙江泰隆商业银行（简称"泰隆银行"）是一家自创办起始终坚持"服务小微企业、践行普惠金融"的股份制城市商业银行。如今，泰隆银行开设了13家分行和300多家支行，在浙江、湖北、福建、广东、河南、陕西等地发起设立 13 家泰隆村镇银行。截至 2023 年末，全行户均贷款 46 万元，涉农贷款余额占比 55%。

2023 年 2 月，泰隆银行通过华能贵诚信托有限公司在全国银行间债券市场发行"隆和 2023 年第二期微小企业贷款资产支持证券"，发行规模 19.7 亿元。除了发起机构持有部分外，该期证券包括优先级资产支持证券和次级资产支持证券。优先级资产支持证券为固定利率，包括优先 A 级、优先 B 级和优先 C 级三种类别，发行规模占比分别为 79.79%、7.12%、7.62%；次级资产支持证券无票面利率，发行规模占 5.47%（见表 9.1）。

表 9.1　隆和 2023 年第二期微小企业贷款资产支持证券

项目名称	隆和 2023 年第二期微小企业贷款资产支持证券
发行规模	约 19.7 亿元人民币
其中：优先 A 级	15.7 亿元人民币，固定利率，占 79.79%
优先 B 级	1.4 亿元人民币，固定利率，占 7.12%
优先 C 级	1.5 亿元人民币，固定利率，占 7.62%
次级	1.08 亿元人民币，无票面利率，占 5.47%
受托机构	华能贵诚信托有限公司
牵头主承销商	中国国际金融股份有限公司
联席主承销商	江苏银行股份有限公司、中信建投证券股份有限公司

此前，泰隆银行作为发起机构和贷款服务机构曾发行过"泰和 2016 年第一期信贷资产支持证券"。自 2017 年起，泰隆银行每年都会发行"微小企业贷款资产支持证券"。

衍生品市场

衍生品是一种金融工具，其价值衍生自其他资产（如股票、债券、商品等）的价格变动，而不是直接持有这些资产本身。①农产品不仅是被广泛需要的商品，还蕴含了气候、环境、市场、技术等多重风险，自然地具备对冲风险的需求，农产品衍生品也因此而生。虽然农产品衍生品这个词有些拗口，但实际上大家对农产品衍生品中的代表耳熟能详。

活跃交易的农产品衍生品

2018年，中美之间的"大豆战争"爆发。作为对美国加征关税的回应，中国对以美国大豆为主的商品加征关税。随后，大豆价格波动性增加，市场参与者（包括农民、加工商和贸易商等）纷纷使用大豆期货和期权合约调整了对冲策略。在这个例子中，大豆期货和期权就是典型的农产品衍生品。在不可预测的市场条件下，对冲风险对于应对价格波动至关重要。市场参与者可以通过增加期货、期权等衍生品的使用，防范价格波动，同时保留在情况好转时获利的潜力。

---

① 例如，一家航空公司可能担心未来石油价格上涨会增加其燃料成本，因此可以通过购买石油期货合约锁定未来的燃料价格，以规避价格波动的风险。这样，无论未来石油价格如何变化，航空公司都可以以合约中约定的价格购买燃料，从而保护自己免受价格波动的影响。

事实上，农产品期货最初是为了帮助农民和商人在季节性供需波动中管理风险而发展起来的。随着时间的推移，农产品衍生品逐渐演变成为现代金融市场中的重要组成部分。

当前，世界上除南极洲外的六大洲都有非常活跃的农产品衍生品交易。中国主要的农产品衍生品交易所包括辽宁省的大连商品交易所和河南省的郑州商品交易所。

在这些交易所中，既有适应全球化需求的农产品，如粮食、油料、肉类等，又有具备区域特色的农产品。例如，郑州商品交易所提供苹果的期货和期权、红枣的期货交易，芝加哥商品交易所提供奶酪和脱脂奶粉的期货和期权交易。

农产品衍生品在全球农业及相关行业中发挥着至关重要的作用，它促进了农业领域的风险管理、价格发现、市场流动性、投融资和全球贸易便利化。这些金融工具有助于提高市场的稳定性、效率和弹性，可以使整个农业价值链上的生产者、消费者以及其他利益相关者受益。中国期货业协会数据显示，2023年成交量增幅前十名的商品期货中，农产品占据六席，体现出农产品期货风险管理功能已经得到了市场的充分认可。[①]

---

① 参考 https：//jrj. sh. gov. cn/SCGK194/20240104/02c68d2a0aa44929b4ae36bba0f507a2. html。

保险+期货的跨界组合

衍生品不仅可以被农业经营者直接使用，还可以由服务农户的保险公司间接使用，形成保险+期货的跨界组合。

假如你是一位种植了大片橡胶林的农场主，担心未来橡胶价格跌太多会亏本，那购买农产品价格保险自然成为一种理想的选择。在持有这种保险的情况下，如果橡胶价格下跌到一个触发条件之下，保险公司就会对一部分亏损进行赔付，帮助你缓解经济压力。

但是，保险公司也不能承受所有的风险。保险公司常常会面临这样的情况：如果风险计算不足，保费无法覆盖赔付，保险产品将难以为继；如果很好地计算了所有预期风险，保费又会比较贵，农业经营者可能难以承受。这时候，保险公司可以找到一些专门管理风险的公司，比如期货风险管理子公司，购买一种叫作"场外期权"的产品，这些期权可以让它们在市场价格波动的情况下，通过交易来转移一部分赔付风险。

通过这种方式，作为农场主的你就可以更加安心地种植橡胶了，即使价格波动，你也有保险来帮你应对可能的损失，而保险公司通过橡胶期权来管理风险，确保它们自己也不会承受太大的损失。

自2016年起，包括大连商品交易所、郑州商品交易所、上海期货交易所在内的三大交易所先后开启"保险+期货"试点项目建设工作，优先鼓励在贫困地区开展项目。[①] 截至2024年一季度末，我国93家期货经营机构通过"保险+期货"模式，为天然橡胶、玉米、大豆、鸡蛋、苹果、棉花、白糖等18个品种提供了价格保障，累计承保货值1610.6亿元。[②]

---

① 参考 https://www.cfachina.org/aboutassociation/industrypovertyalleviation/experienceintroduction/202012/t20201231_14372.html。
② 参考中国期货业协会《期货行业乡村振兴工作信息》（2024年第1期）。

第三部分

乡村金融的道与术

第十章　乡村金融难在哪里

乡村金融的"最后一公里"问题

"流动银行"现象

你可曾听说过"马背银行"？长期以来，由于居民居住密度较低、金融服务需求分散，草原地区通常并非每个乡镇都有银行营业网点。为了触达零星散落在广袤草原上的各个家庭，草原上的银行业务员骑着马，顶着风雪和烈日，将金融服务送到离旗县较远的牧民家门口，被人们亲切地称为"马背银行"。

类似的故事不止发生在草原的马背上。在我国辽阔的边疆、险峻的山区和宽广的水域，"大篷车银行"穿越戈壁大漠，"集市银行"追赶人流潮汐，"水上银行"从最初的舢板升级到了摩托艇上。

实际上，"流动银行"并不是我国独有的现象，不少大家耳熟能详的发达国家的金融机构或组织至今仍有相当数量的流动网点。

例如，苏格兰皇家银行于 1946 年就开始了流动网点（Mobile Branches）服务。① 流动网点由小巴士或卡车搭载，最初的服务对象是苏格兰刘易斯岛上忙于编织粗花呢的农民（见图 10.1）。②

图 10.1　苏格兰皇家银行早期的流动网点
注：照片中巴士标注的银行名称是苏格兰国家银行（National Bank of Scotland）。该银行于 1969 年并入苏格兰皇家银行。
资料来源：苏格兰皇家银行子公司 NatWest 官网（左）及每日记录网站（右），https：//www.natwestgroup.com/content/dam/natwestgroup_com/heritage/heritage-hub-images/subjects/image.dim.full.E436.jpg；https：//i2-prod.dailyrecord.co.uk/incoming/article30494834.ece/ALTERNATES/s1200e/0_archive_mobile_branch.jpg。

如果不是在苏格兰乡村社区生活，你大概想不到苏格兰皇家银行如今仍然有常规的流动网点服务。该银行官网列出了 20 余个地区的流动网点时间表。图 10.2 是列表中的第一个地区服务时间安排，更新至 2024 年 4 月 12 日。可以看到，流动网点在每个站点停留时间从半个小时到一个半小时不等。每辆流动银行巴

---

① 参考 https：//www.rbs.co.uk/content/dam/rbs_co_uk/Waystobank/documents/mobile-branch-timetables/ayrshire-renfrewshire-inverclyde.pdf。
② 参考 https：//www.finextra.com/newsarticle/26007/rbs-goes-mobile-with-new-wheel-based-branches。

士有两位工作人员，配备存取款机和电脑等设备，可以办理存取款、缴费、换钱、咨询等服务。

图 10.2 苏格兰皇家银行当前的流动网点时间表和网点照片示例

资料来源：苏格兰皇家银行官方网站，参考 https://www.rbs.co.uk/banking-with-royal-bank-of-scotland/other-ways-to-bank-with-royal-bank/banking-near-me-royal-bank.html#mb。

除了苏格兰皇家银行，许多发达国家和发展中国家的银行都运营着自己的流动网点，如美国的许多信用社[1]、德国储蓄银

---

[1] 参考 https://thefinancialbrand.com/news/banking-branch-transformation/gallery-14-eye-catching-mobile-bank-branches-153426/。

第十章 乡村金融难在哪里　　129

行①、日本农林中央金库②、印度尼西亚人民银行③等。日本农林中央金库的2023年价值报告显示，截至2023年一季度末，日本农协系统仍然运营着135个流动网点，比2019年的85个流动网点多了近六成（见图10.3）。④

图 10.3　日本农协系统的流动网点

资料来源：日本农林中央金库官网，https：//www.nochubank.or.jp/en/sustainability/social/furusato/。

虽然这些"银行"是流动的，可能若干天才巡回一次，但如果没有"流动银行"，边缘客户不得不为了办理一笔简单的业务而花费不少财力和时间，还有可能因为证件材料不齐全、错过银

---

① 参考 https：//www.thelocal.de/20180221/in-rural-germany-mobile-banking-means-a-bank-on-a-truck。
② 参考 https：//www.nochubank.or.jp/en/ir/valuereport/pdf/vr_23.pdf。
③ 参考 https：//asia.nikkei.com/Business/Indonesian-lender-debuts-floating-branch。
④ 参考 https：//www.nochubank.or.jp/en/ir/valuereport/pdf/vr_19.pdf。

行上班时间等原因一而再、再而三地无功折返，最后在蹉跎中失去了对金融服务的信心。

距离的横亘，无疑是乡村金融服务可得性议题中的一个经典问题。

"最后一公里"问题：空间的距离不是全部的差距

除了"流动银行"外，伴随着距离问题，我们还看到了这样的现象：长期亏损却坚持驻扎海岛或边陲的银行营业网点，从前欲下乡赶"蓝海"而后却面临"清退回收"境地的ATM自助服务，时常被记忆错误或不理解电子交易流程的客户误会责骂的金融服务代理商……

人们常把前面这些例子中，金融服务难以服务好边缘群体的现象，称为金融服务的"最后一公里"问题。我们可以给"最后一公里"问题一个一般化的定义，即在现有金融体系条件下，最边缘客户获得金融服务的难度远远超过其他客户的现象。

在国际讨论中，"最后一公里"问题常被归结为金融服务的触达问题。实际上，它包含更为复杂的内容。

从空间位置来看，它直接表现为金融基础设施的布局问题，即金融服务的物理网点与边缘客户的距离比较远，阻碍了客户获得适当的金融服务。毫无疑问，从空间概念上来看，金融的"最后一公里"问题发生在乡村。

但是，距离不是问题的全部。我们将其总结为三个能力问题：金融机构、消费者和金融监管方。

不妨根据现实情形来逆向思考：数字化的金融服务是不是给有网络、有智能手机的普罗大众拆掉了金融排斥的"墙"？这个问题有些难回答，因为不能直接回答是或者不是。

金融服务的数字化确实解决了不少问题，这是金融机构能力的提升。假设一个人已经开始使用数字金融服务，那么他确实可以不再囿于金融服务的物理网点。无论是在家里沙发上、在公交车上，还是在外地旅途中，越来越多的金融服务可以在手机上轻松完成。

但是，金融机构服务"最后一公里"的能力问题远没有得到解决。首先，并非所有金融机构都具备了足够的金融科技能力，尤其是许多科技预算有限的中小机构。其次，如何让尚未接触数字金融服务的乡村居民迈出第一步，开始使用数字金融服务，并且有好的使用体验和售后服务，这并不容易。最后，如何应对网点服务需求减少，但数字金融服务尚不能完全渗透的情形，在服务形式中做出权衡，这也是金融机构面临的现实挑战。

与此同时，金融消费者的能力也将是一个长期问题。消费者的能力不足会阻碍他们获得金融服务，包括金融素养和技能不足、对金融服务不信任、金融态度和行为存在偏颇等。为什么会是长期问题呢？因为金融也是整个世界的一部分，都在不断发生变化。当科技与商业模式不断演进时，新的能力要求可能又出现了。更不用说，当前世界各国的乡村消费者都具有更大比例的老龄化群体,通常会更迟感受到技术的变化,在适应新技术的能力上相较而言也面临更大的挑战。

此外,乡村金融的"最后一公里"问题还可能与政策环境有关,诸如尚未与时俱进的监管要求、待完善的客户保护规则和执行机制等,都可能导致乡村客群难以获得所需的金融服务。

需要注意的是,金融"最后一公里"问题是一个动态的概念。相较银行体系建立初期,当前我国乡村金融体系能够有效触达的范围已经有了天壤之别。因此,伴随着相关基础设施的完善、产品和制度的创新,乡村"最后一公里"的金融服务应该不再止于存取款、汇款等基础服务,而是与其需求相适应的,可持续、高效率、功能全面的金融服务。

为什么呢?这是为了让所有乡村居民都获得金融支持其发展的机会。没有人会质疑发展的机会应该是平等的,那么,金融支持发展的机会也应该是无明显差别的。

触达"最后一公里"的基本服务模式

乡村金融服务的不足意味着,许多现有的金融服务模式并不是为了触达乡村客户而设计的,我们需要检视已有的,看到缺乏的。从行业实践来看,有五种基本服务模式在触达乡村客户方面发挥了一定的作用:直营模式、代理模式、互助模式、数字模式和供应链金融模式。其中,前三类主要是直接接触客户的服务模式。由于触达客户的形式不同，其所能服务的客户群体也就有所区别。数字模式包含各类金融机构、准金融机构提供的数字金融服务，主要指无直接接触的服务模式。供应链金融模式在实践中既可能是纯线上或纯线下的，也可能是线上、线下相结合的，由于其具有独特的风控模型，所以将其划分为一种独立的服务模式。为了实现持续且多样化的金融服务，我们需要更清晰地理解各种服务模式，并反思和总结过去未能有效提供服务的原因。只有这样，才能整合出适合解决我国乡村金融"最后一公里"问题的思路。

直营模式

直营模式指的是金融机构或准金融机构通过设立实体网点或提供移动服务的方式开展金融服务。在"最后一公里"的金融服务中，供应商通常包括农村信用社、邮储银行、商业银行、村镇银行、微型金融机构和小额贷款公司等。从服务的行政区域来看，金融机构或准金融机构的直营网点通常最低设在乡镇，极少数村镇银行在村一级设有营业网点，也有少数乡村社区设有ATM等自助服务网点。

延伸物理服务网点的覆盖范围，或至少扩展自助服务网点的服务范围，可能是金融体系在服务"最后一公里"客户方面最早的，也是经历挑战和挫折的尝试。维持物理服务网点所需的成本决定了其所服务客户的交易必须达到一定的密度和规模，否则即使是只有 ATM 的自助服务网点也可能持续亏损。[1]

在直营物理网点覆盖能力有限的情况下，许多流动服务形式应运而生，创造了许多"策马穿山、乘风破浪"的金融服务故事。虽然流动服务所创造的价值是显而易见的，但在今天技术迅速发展的背景下，乡村金融"最后一公里"服务的连续性和多样性可以有更大的想象空间，流动服务的内容和形式仍旧值得不断反思和调整。

代理模式

代理模式是指通过乡村社区内的代理人为居民提供金融服务的模式。在金融服务领域，供应方通常涵盖农村信用社、邮储银行、商业银行、村镇银行和保险公司等。代理模式真正根植于乡村社区范围内，其常见形式是，银行类机构通过村内较有人气的零售商户作为代理人，提供取款、转账汇款、社保代缴代取等基础服务，以及其他金融业务的信息服务。保险公司的代理人则通常无固定经营场所，在社区内主动上门，获取客户并完成交易。

代理模式的优势体现在两个方面：一是在"触达"层面，由于代理人已在村庄或社区内开展其他非金融业务，因此除了安装和更新简易设备的费用外，不需要额外高昂的固定成本。在手续

---

[1] 我们可以从城市中的 ATM 也在不断减少看到，即使是 ATM 这种看似自助服务的机器，也有一定的维护成本，过少的交易量将使服务变得难以为继。

佣金之外，机构或客户也无须支付额外的变动成本如交通费用；二是在"信任"层面，代理人是与社区居民熟悉的个体，更易赢得居民的信任。

尽管目前代理人主要代理基础的银行业务，在发展过程中面临挑战，但由于其天然的成本和信息优势，未来有潜力进一步拓展服务内容，并探索相适应的监管规则和基础设施支持体系。

互助模式

互助模式是指通过设置风险分担和制衡机制，利用会费、会员储蓄及外部资金轮流为会员提供贷款，从而实现金融服务的理财和平滑消费功能。这种模式主要体现在农村资金互助社和农民合作社等形式上。在实践中，互助模式的外部资金来源可能包括政府、金融机构、非政府组织（NGO）以及互联网平台等渠道。

互助模式与参与者的生产生活联系紧密，会员通常在生产生活中具有一定的关联性。例如，会员都是某村的村民，或者都是种植某种作物的农业经营者。因此，互助模式下提供的信用和理财等服务更能符合会员的收入现金流规律。在理性发展的状态下，互助模式在风险控制方面也具备了一些金融机构所不具备的内部信息优势。不过，规模小、经营管理能力以及金融风险控制能力是互助模式通常处于弱势的方面。从监管和可持续发展的角度来看，类似组织的法律身份和会员的权责关系需要进一步明确。

总体而言，互助模式以其独特的社区参与和风险共担机制，早期曾为乡村社区提供重要的金融服务支持，同时也面临着规范化和可持续发展的挑战。

数字模式

数字模式是指各类金融机构基于数字技术、通信技术和生物识别等技术，在手机或电脑等数字设备的界面提供金融服务的方式。这种模式涵盖了网上银行、手机银行以及各种移动支付服务，同时还包括目前各类机构正在积极探索的数字信贷、保险和理财等金融服务。由于无须设立物理网点带来的固定成本，以及边际人工成本接近于零的优势，数字模式天生契合"最后一公里"的特性，即服务距离较远、密度较低、单笔额度较小。特别是在我国通信基础设施不断改善、智能手机普及率持续提高的趋势下，通过数字模式提供金融服务被认为是解决乡村金融"最后一公里"问题的重要手段。

然而，通过近年来的实践和观察我们发现，即使在相关技术持续发展的前提下，人工参与依然在各种金融服务中扮演着重要角色。因此，未来的金融服务更可能是线上与线下相结合的模式。这种综合模式将数字化便利性与人工服务的实时响应能力相结合，能够更好地满足不同客户群体的需求。这样的发展趋势不仅提升了金融服务的效率和可得性，也加快了金融普惠的进程，从而更好地服务普罗大众。

供应链金融模式

供应链金融模式的一个重要特征是紧密地为生产和流通需求服务。无论是农户贷款购买种子、化肥、农机，还是小微企业经营者以存货和应收账款等为抵押进行融资，与核心企业相联系的供应链金融服务都是一种高效便捷的选择。供应商通常包括核心企业、电商、商业银行和小额贷款公司等。供应链金融模式由于完全基于供应链上的交易，相较于一般贷款业务，其风险控制更多地依赖于大数据技术。

"最后一公里"问题的现实挑战

虽然我们已经有了上述这些触达"最后一公里"的基本模式，但实践经验告诉我们，服务"最后一公里"的金融需求知易行难。从表面上看，触达目标对象一次、两次或者是短时期内保持触达似乎并不是难题，单纯的支付业务也还比较容易落地。然而，当前"最后一公里"问题的真正挑战是，如何以成本可负担的方式，可持续、高效率地提供功能全面的金融服务。因为这样的服务才算是真正靠近了乡村金融的使命，即支持公平发展的机会。

以下我们从消费者、基础设施、金融机构和金融市场四个层面剖析乡村金融"最后一公里"问题的现实挑战。

乡村金融消费者的弱势特征

乡村金融消费者具备明显的弱势特征，其中有难以改变的，也有可能改变的，而了解客户是好服务的开始。

首先，乡村金融消费者地理分布遥远而分散。这是难以改变的乡村图景。之所以会出现"马背银行""摩托车银行""集市银行"等流动银行形式，正是由于部分客户通常距离银行营业网点较为遥远且分散。金融机构网点的运行需要一定的固定成本和变动成本。虽然没有必要要求每一笔金融交易都是盈利的，但对于网点和从业人员的可持续运转，从金融交易获取的收益必须达到一定规模才有可能实现。当一定时期内区域内金融需求的总额度较低、总次数较少时，金融机构物理网点将难以在该区域实现商业可持续。

分散的程度落到数字上即体现为，在我国国土面积绝大部分（九成以上）的地方居住着三成多的人口。从全球经验来看，未来我国乡村人口密度还可能进一步降低。我们使用世界银行提供的乡村人口和土地数据计算可以得到，2022年，中等收入、中高收入、高收入国家的乡村人口占比分别为46%、32%和18%；在有土地数据的2015年，中等收入、中高收入、高收入国家的乡村土地占比分别为97.2%、95.1%和97.5%。也就是说，从中等收入国家到高收入国家，乡村土地占比变化不大，都在95%以上，但人口占比却减少了3/5。

其次，乡村消费者的金融能力更难得到在金融环境"干中学"的锻炼和社交圈层的积极影响。这一个特征是建立在上一个特征的基础上的，即消费者离金融机构遥远，且同样金融能力不足的社交圈层正向互相促进的增进速度会比较小。

就像复利一样，人力资本的这种特征有自我加强效应。如果基础较弱，成长速度又慢，那么一段时间之后，就可能差了一大截。不过，这个特征并不像乡村人口偏远和稀疏那么难以改变，因为金融环境和社交圈层都在数字化，我们应该期待和推动更好的金融能力提升应用的诞生。

最后，乡村消费者的现金流额度相对较小，且波动性更大。这让他们成为更小净值、更小需求且金融机构更难确定风险的客户。

从乡村居民的角度来看，在第三章中我们用统计局数据呈现了城乡居民可支配收入和季度收入波动性的趋势，可以看到乡村居民的收入不及城镇居民的一半，但收入波动性却几乎是城镇居民的1.7倍。

从乡村小微企业的角度来看，它们不仅有一般小微企业都存在的经营管理不规范、缺乏生产经营数据、缺少抵押担保物、经营风险大等问题，从事农业的小微企业还面临农业生产中的特殊风险，加剧了乡村小微企业发展的不确定性。譬如，水果价格的波动是我们常见的情况。由于水果的季节性和耐贮性较差，气候状况和市场供需变动对小规模水果种植户的影响尤为显著。某一年柑橘产量可能大幅增加，导致市场上柑橘供应过剩，价格迅速下跌；而在另一年，气候或疾病影响导致柑橘减产，市场供应不足，价格则大幅上涨。对于小规模水果种植户来说，价格波动直接影响到其经济收益和生计。当市场价格低迷时，种植户的销售收入大幅减少，难以覆盖生产成本和家庭开支；反之，价格上涨时，虽然能够获得较高的销售收入，但如果销售渠道不畅或者没有及时销售，也可能错失良好的市场机会。

这意味着，无论是存贷汇，还是保险理财，做乡村消费者的生意都可能更难一些。不过，这种状况是可以改变的。如果城乡居民都有公平的全面发展机会，那么城乡收入差距会明显缩小，不确定性也可以得到一定程度的平滑和对冲，就像许多高收入国家一样，这时的乡村金融市场将是不同的场景。所以，好的乡村金融可以给自己创造好的客户，因为它支持乡村的公平发展。

乡村金融基础设施薄弱

乡村金融基础设施的薄弱，是阻碍金融机构在"最后一公里"开展业务的主要瓶颈之一。具体来说，以下几个方面是关键问题。

首先，乡村信用信息体系尚未成熟。在乡村地区，由于缺乏成熟的产权交易中心，农业小微企业在将土地经营权作为抵押物时往往面临困境。这种情况下，银行难以有效处理抵押物，或者处理时成本过高，从而限制了农业小微企业获得高额信贷的能力。尽管农户的信用信息系统有所改进，但各个地区的乡村信用信息系统发展程度各不相同，仍然无法像城市中那样轻松让资产变现，这导致大部分农户只能获取到有限额度的信贷。

其次，助农取款服务点功能单一削弱了金融机构与乡村居民的联系。尽管普惠金融服务站在乡村得到了普及，但其功能单一，仅限于小额取款和支付服务。随着网络支付工具如微信和支付宝的普及，助农取款服务点的业务量普遍下降。而缺乏更多综合金融服务和社会服务功能的普惠金融综合服务站，令乡村居民无法方便地享受到更广泛的金融服务支持。

再次，支持性机构不健全制约了金融机构对乡村提供服务。乡村主体的信用记录和产权交易机制仍未完善，这增加了金融机构在乡村开展业务时的风险和成本。目前，担保公司和保险公司等支持性机构的发展不足，使得金融机构在扩大对乡村经济主体的资金支持时面临更大的挑战。产权交易中心的功能也有限，多数仅仅是登记而缺乏实质性的撮合和评估能力，未能有效帮助金融机构降低风险。

最后，乡村金融机构所需的特殊法律地位尚未得到立法支持。虽然我国乡村金融机构在试点、设立阶段，都被赋予了"支农支小"等重要使命，但目前对所有乡村金融机构都依照《商业银行法》，以商业银行的标准进行监管，而忽略了金融机构在乡村履行"社会责任"的部分可能短期内与商业可持续不完全一致，乡村金融机构在治理结构、监管规则、资金来源等方面需要与纯商业机构有所区别。法律地位的确定将减少乡村金融机构"使命漂移"的可能性,帮助它们在"最后一公里"找到适合的成长土壤。

金融机构自身的优劣势

当前乡村金融市场中有不同规模的金融机构,不同规模的金融机构在乡村开展业务时既具备自身独特的优势,同时也存在一些特殊的困难。我们需要从中看到的是,并非所有的机构都得做同样的业务,世界经济最初加速发展不就是通过分工合作实现的吗?

首先是在治理机制层面,大小型金融机构各有优劣。大型金融机构的优势在于经营时间相对较长,且通常都是上市公司,拥有较为成熟、完善的公司治理机制,但是大型金融机构的组织治理模式在乡村开展业务时也面临明显的困难。以大型银行为例,大型银行在县域的基层机构远离总行,中间隔着市级、省级分支机构,因此这些大行的县域支行常常面临决策链条过长的情形,造成决策的效率低且与乡村金融需求匹配性较弱。例如,县级支行在业务审批、网点设立、员工招聘方面权限都较低,大额度信贷的审贷周期较长,而员工和网点不足也阻碍了大型银行扩大在乡村的覆盖深度。

相较而言,小型金融机构在县域就有独立的治理能力,决策机制灵活、效率高。其风险在于客户产业在地区内相对集中,当市场风险发生时中小银行难以抵御由此造成的系统性风险。该类风险虽然可能存在且理论上影响巨大，但过去国内因产业危机引发中小银行生存的情况并不多见。现实中，中小银行出现的更多、更严重的风险来自公司治理不完善造成的"大股东控制""内部人控制"问题，"三会"形同虚设，导致金融机构将追求利润放于首位，甚至对大股东关联企业进行利益输送，最终部分中小银行远离乡村，出现风险甚至破产重组。还有些地区，地方政府将中小银行当作"政府的银行"，配合政府的发展规划支持特定的大型项目，制约了其服务乡村小微主体的能力。

譬如，近年来，村镇银行出现了许多问题。与中大型金融机构的股东相比，村镇银行的股东身份更为多元，但实力相对较弱。这些股东在投资村镇银行时通常期望获得盈利和分红，这符合市场经济规律。然而，我们不能忽视的是，村镇银行之所以诞生，本来就是有服务乡村、小城镇金融需求的特殊使命的。这意味着，村镇银行应该具有服务乡村和追求盈利的"双重目标"。在服务乡村与追求商业利润的平衡中，其商业模式与纯商业银行应该有所不同。如果股东未能意识到这种差异，可能会对银行在乡村地区的战略提出异议，甚至以股东的身份干预银行的经营，使其偏离了设立村镇银行的初衷。在某些地区，村镇银行通过各种手段突破了单一自然人或非银行机构持股比例限制，这导致了实际控制权被少数股东所掌控，一些股东通过关联交易逾越了贷款集中度的限制，甚至挪用银行资金，对储户和其他股东的利益造成了损害。总之，部分村镇银行面临较高的风险，其根本原因在于公司治理中出现了严重的"委托-代理"问题。

其次是在资金实力和定价层面，大型金融机构的优势非常明显。大型金融机构资金实力雄厚，拥有分布广泛的分支机构，可以在全国范围内调配金融资源，凭借资金成本低的优势向乡村提供低于同行的利率。例如，公开数据显示，2022年全年，全行业新发放普惠小微企业贷款加权平均利率是4.9%，而大型银行新发放普惠小微贷款加权平均利率约为4.03%，明显低于行业同类贷款的平均水平。从国际经验来看，许多知名的大型金融机构通过为乡村金融机构提供批发资金、发债支持、技术辅导等方式支持乡村金融发展，也不失为一种值得考虑的分工形式。

再次是在对乡村市场的了解层面，本地化的小型金融机构通常具有天然优势，但大型金融机构也有更深入了解乡村需求的潜在渠道。以银行网点为例，与大型银行在每个县仅1~3家的数量相比，中小银行特别是农信系统在县域中心乡镇都设有网点，因此可以更低成本地联系客户、迅速掌握客户金融需求的变化，并在缺乏信息的情况下利用地缘优势获得品德、社会关系等"软信息"来开展业务，形成中小银行在乡村的优势。所以，虽然小型金融机构的资金实力弱、资金成本高，但是它们可以通过提供个性化和精准化的产品、提高服务体验等差异化优势吸引客户。

相较而言，大型银行对乡村不够了解、乡村的机构力量较弱，当前在乡村以服务财务状况较好的大客户、大企业为主，即

"掐尖"。不过，大型银行也可以尝试突破在乡村的薄弱环节。例如，截至 2023 年末，中国建设银行联合村委会、供销社等主体建立的"裕农通"服务点约有 35 万个，覆盖了全国大部分乡镇及行政村。这些为数众多的基层支付毛细血管也许可以成为大银行了解乡村的窗口。

最后是在数字化转型层面，中小金融机构处于劣势。过去十余年来，几乎所有的金融机构都意识到数字转型对机构发展的重要性并加快转型的步伐，但是不同类型金融机构转型的能力有差异，这种差异在大型银行和中小银行之间表现得尤为突出。例如，2023 年，工商银行、建设银行、农业银行、中国银行的金融科技投入都在 200 亿元以上，投入排第一的工商银行达到 272.5 亿元。股份制银行、城商行、农商行的金融科技投入则随着机构规模的扩大而逐步递减。其中，上市农商行中上海农商行、重庆农商行这样的头部农商行 2023 年的营业收入分别为 264.1 亿元和 279.6 亿元，仅与大行的金融科技投入相当。可以推测，大量未上市的资金实力更弱的中小银行的金融科技投入只会更少。

专栏 10.1　美国的超 4000 家小法人社区银行如何进行数字化转型？

社区银行是美国银行业服务乡村地区的主力军

虽然最近 20 年来，美国的社区银行数量不断减少，但截至

2024年一季度，美国仍有4411家活跃经营的社区银行。① 其中，2187家的总部在人口5万人以下的县域。相较而言，除社区银行以外的其他银行中，总部在人口5万人以下的县域的银行只有5家。

5万人口是美国管理和预算办公室采用的都市和非都市县域分界线。根据2020年人口普查数据，② 美国共有3143个县域，其中非都市县有1958个，占比62.3%。在都市县中，乡村人口占比12.9%。在非都市县中，乡村人口占比64%。

所以，从上述数据可以看出，社区银行仍旧是美国银行业服务乡村地区的主力军。

社区银行平均资产7.9亿美元

从资产规模来看，截至2024年一季度，社区银行占据了96.6%的美国银行数量，但仅占银行业总资产的15%，平均资产规模为7.9亿美元，相当于我国非常小的农商行或村镇银行的资产规模。

通过外部合作实现数字转型

相应地，如此小规模的社区银行想要数字化转型必然不容易，寻求外部合作成为社区银行的一个重要选择。2023年10月，

---

① 参考 https：//www.bankingstrategist.com/community-banks-number-by-state-and-asset-size/。

② 参考 https：//www.ers.usda.gov/topics/rural-economy-population/rural-classifica-tions/what-is-rural/。

美联储发布了《社区银行通过合作获得创新》[1]的报告，分析了社区银行与金融科技合作的方式以及相关的好处、风险和挑战，并讨论了如何建立有效的合作关系。2024年5月，美联储与联邦存款保险公司、美国货币监理署共同发布了《第三方风险管理——给社区银行的指南》[2]的监管与规范函，指出第三方关系可以帮助社区银行接触新的技术、风险管理工具、人力资本、交付渠道、产品、服务和市场等。然而，社区银行对第三方的依赖会降低其对经营活动的直接运营控制，并可能带来新风险或增加现有风险，包括但不限于运营、合规、财务和战略风险。为了应对这些潜在的风险，该指南对第三方合作关系中的风险管理进行了讨论，并分析了第三方关系的生命周期和治理问题。

"最后一公里"问题的解决思路

以客户为"第一公里"

要逐步解决乡村金融的"最后一公里"问题，首先应该做的是思维意识上的颠覆，即真正地看到客户，把边缘客户当作服务本体，也就是"第一公里"的思维，由此出发来寻找探索长期未

---

[1] 参考 https://www.federalreserve.gov/publications/files/community-bank-access-to-innovation-through-partnerships-202109.pdf。

[2] 参考 https://www.federalreserve.gov/supervisionreg/srletters/SR2402.htm。

解决的问题的答案。在这里,"以客户为中心"不是一句口号或者一种姿态,而是成功的基本条件。

无论是普惠金融还是乡村金融,金融机构遇到的典型问题是,从自身已经有的产品、服务、渠道出发来应对新的市场需求,这会使得金融机构做普惠金融、乡村金融的道路显得异常困难。但是,从"第一公里"出发的道理,其实我们都懂。就像一家在川渝地区广受欢迎的重口味盐帮菜想要在北上广深一线城市开分店一样,不用餐饮行业专家分析我们也能知道,大厨需要根据当地人的口味对菜品进行调整。所以,以客户为中心,难道不是开启新市场的"敲门砖"吗?

实际上,早在20世纪70年代,尤努斯教授掏出27美元借给42位最贫困的村妇时,他就是从"第一公里"开始做的——从观察最贫困群体的需求出发,为他们设计缓解生活困难的金融服务。这也体现在格莱珉银行的业务方针上——从底层做起,在解决客户问题的同时促进新业务的产生和发展。

我们需要认识到,将"最后一公里"当作"第一公里"并非仅出于道义,也并非只是他国的个案,而是金融机构面对市场压力、面向战略机会做出的明智决策。当前市场供需格局、信息生产和传播方式已经发生了重大变化,供应商需要主动重塑金融服务的思维和业务模式。

从市场供需来看,金融机构"躺着赚钱"的时代已然过去。在以创新追逐"痛点"的行业发展特征下,曾经被称作"末端"

的需求已毫无疑问地成为许多新业态产生的"第一公里",市场正在迅速向买方市场转变。从这个角度来看,我国的乡村客群可谓世上难寻的机会。毕竟,我国乡村居民有接近5亿,还有大概3亿刚到城市不久的"新市民",而目前世界上只有3个国家的人口数超过了3亿。①

从信息生产和传播方式来看,自Web2.0时代起,信息传播即进入了中心逐渐弱化、分布式信息爆发积聚的时期。尤其是近几年,信息成为金融行业愈加重要的生产资料,处于核心地位的定价和营销流程都已大量地采用了源于潜在客户的信息,也就是说,客户是信息这种重要生产资料的源头。如果不从"第一公里"的客户出发,金融机构很容易走向以产品为导向,甚至走上"使命漂移"的歧途。也就是说,用不合适的产品去服务这个产品合适的客群,而偏离了使命和初衷。

在明确以客户为中心的方向之后,金融机构还需掌握向以客户为中心转变的方法。从制定方案策略开始,服务乡村的业务部门或者条线需要争取到金融机构内部的战略支持,然后建立了解客户的长期有效渠道,并为此对员工进行投资和赋能,甚至要专门为此选拔合适的领导者。这可能是一个需要若干年才能完成的组织全面变革过程。②

---

① 中国、印度、美国。
② Burritt K S, Coetzee G. Customer Centricity and Financial Inclusion: lessons from other industries [R]. CGAP Publications, 2016.

通过理解以客户为中心，我们看到，乡村金融的市场机会在这里，原理也不深奥，关键是要找对"姿势"并且刻意练习。

持续推动数字金融服务发展

当明确了要以客户为"第一公里"后，我们首先要认识到乡村客群遥远、分散、交易额度相对小等相对弱势的特征。也正是由于这些特征，发展半个世纪的微型金融实践还远远无法满足日益增长且迫切的金融需求。我们需要从政策、科技、商业模式等各种渠道来发挥创造力。其中，持续推动数字金融服务的发展是非常重要的一步。

不可否认，微型金融已经在世界各个角落实现了许多伟大的成就，为众多无征信记录可查询、无资产可抵押、在非正式经济部门工作的人提供融资服务，甚至帮助他们发展生存技能，共同抗击贫困、灾祸等生存压力。正如微型金融实践先驱、哈佛商学院的迈克尔·朱（Michael Chu）先生所言："很少有其他人道主义工作能够宣称有如此大规模的、持续的触达力。"

然而，尽管成绩斐然，在半个世纪后的今天，全世界仍然约有14亿成年人甚至没有银行账户，无法享受到最基础的金融服务。而从融资服务来看，在高收入国家56%的成年人曾经通过金融机构或移动钱包获得贷款的同时，发展中国家的相应指标仅为23%。[①] 从

---

① 数据来自2021年世界银行普惠金融指标体系（Global Findex）。该指标体系三年开展一次调查，截至本书出版时，2024年的调查数据尚未发布。

以上数据可以看出，解决"最后一公里"问题的任务依旧十分艰巨。此外，如果从生态体系的视角来看待我国的乡村金融，目前发展还较为不足的普惠保险、财富管理仍需要恰当地引入数字技术的支持。

为了攻坚"最后一公里"，我们需要探索更好地适应"最后一公里"金融服务交易流量和成本结构的服务模式，更高效率地填补市场空缺。数字技术为我们带来了这样的机会。举例来说，诺贝尔和平奖获得者、"穷人的银行家"尤努斯教授采用信贷员挨家挨户上门拜访的办法，在40年里服务了大约1000万借款客户。而现在的金融科技银行通过数字化手段，不到10年就能服务5000万借款客户。① 通过对比可以发现，数字金融服务在解决"最后一公里"问题的优势是显而易见的。我们需要持续推动数字金融服务发展，充分发挥数字金融服务触达范围广、交易效率高、边际成本极低等优势。

构建线上与线下融合的金融服务体系

无论是从国际还是从国内经验来看，线下服务的份额逐渐减少，但是依旧扮演着重要的角色。世界银行扶贫协商小组（Consultative Group to Assist the Poor，简称CGAP）的研究证据表明，

---

① 例如，截至2023年末，网商银行共服务了超5300万小微经营者，其成立时间为2015年。

金融服务的使用情况与线下物理网点的亲近程度是强相关的。[1]此外，2018年CAFI团队针对浙江省丽水市基础金融服务体系的调查研究还发现，居民收入与银行柜台网点的距离显著负相关，但通过更多地使用POS机等替代性服务，可以在一定程度上抵消银行柜台网点距离遥远的负面影响。

　　构建线上与线下融合的金融服务体系的必要性，一方面源于存取现服务的刚性需求，即使在移动支付深入渗透的今天，存取现服务依旧是必不可少的基础金融服务；另一方面源于金融机构在"最后一公里"与潜在客户建立联系、为现有客户提供人性化服务的需要。无论是通过直营还是代理的模式，线下服务网点可以即时地为潜在或现存客户提供更为人性化的关怀和帮助，有助于树立产品和服务的亲切感和信誉度。而由于边缘客户通常缺乏金融服务经验，数字技术接受程度也相对更弱，这种让金融服务存在于客户身边的机制设计对于获取和培养客户尤为重要。

　　关于线下金融服务，我们需要认识到的是，物理服务网点不仅仅为边缘客户带来了服务的可得性，也不仅仅为他们使用金融服务提供方便，线下服务网点的存在本身就为客户带来了金融认知的影响，身边亲友使用网点服务的经验也可以给原本受排斥的群体带来金融素养、态度和行为的启发。

---

[1] Arabehety P. G., McKay C., and Zetterli P. Proximity Matters: Five Case Studies in Closing the CICO Gap [R]. CGAP Publication, 2018.

不仅如此，我们还在第五章探讨了"村村通"的助农取款服务点、普惠金融服务站作为数据积聚渠道、综合服务门户的种种可能，这些观察和反思让我们逐渐意识到，数字化固然很重要，但线上与线下相结合可能才是长远发展之路。

探索跨机构金融+非金融服务聚合供应模式

在明确融合线上与线下服务的目标之后，我们还需要直面金融服务（尤其是线下服务）的可持续问题，探索有助于实现高效率、功能全面的金融服务的方法和机制。我们必须面对的现实是，即使采用相对成本较低的代理模式，也并不能轻易实现商业可持续的经营。

以我国银行体系的助农取款服务点为例，在一些乡村地区，曾经存在单个行政村内多家银行分别设置POS机的情况，不同银行的POS机不能互通使用，而村民持有的银行卡也各不相同。这导致了一些银行的POS机逐渐被废弃，部分村民的基础金融服务需求仍无法得到满足。这个例子展示了乡村金融服务需求稀少和分散的典型情况。

在这种背景下，要实现金融服务的可持续、高效和全面功能的发展目标，突破金融服务规模上的"瓶颈"显得尤为关键。

根据国际经验和我国实际情况，我们认为跨机构的金融服务聚合供应模式可能是当前解决我国乡村金融"最后一公里"问题、突破规模"瓶颈"的重要潜在途径。这种模式通过整合多种类、多渠道的金融和非金融服务，比单一供应商更容易实现规模效应，能够为边缘客户提供一站式服务。

这种模式中，以支付服务为核心的聚合供应商是最为常见的，例如下文提到的坦桑尼亚的 Selcom。这类聚合供应商在金融服务领域整合了银行、移动支付等多种支付结算渠道，使终端客户能够灵活选择支付渠道办理金融业务或购买非金融产品和服务。

要实现超越单一机构的金融服务聚合供应商，政策制定者需要与业界进行紧密沟通与合作。一方面需要打破各自为战的藩篱，另一方面需要为聚合状态下的市场竞争提供制度支持。

关于如何提升乡村金融的规模效应，本书第十二章将对此进行专门讨论，并通过几个国内和国外的案例来展示部分地区和机构所进行的实践探索。

专栏 10.2　Selcom（非洲）：聚合代理缓解运营成本问题[①]

Selcom 于 2001 年在坦桑尼亚达累斯萨拉姆地区成立，最初是 Celtel 的预付费通话时间分销商。如今，Selcom 已经发展成为覆盖整个非洲大陆的主要金融和支付服务提供商。该公司为撒哈拉以南非洲的居民提供广泛的电子支付产品和服务，包括数字支

[①] 本案例根据 Selcom 官网公开信息及年度报告整理：https://www.selcom.net/。

付、卡片处理和无卡支付。

作为坦桑尼亚通信监管局和坦桑尼亚银行认可的持牌机构，Selcom 被广泛认定为领先的移动银行和支付服务提供商。公司在前端拥有超过 25 000 家零售代理网点，为移动网络运营商、银行和公用事业公司提供共享代理服务。在后端，Selcom 接入了 40 多家银行，并将超过 100 000 家商户连接到 Selcom Pay 卡和无卡支付服务上。

Selcom 的聚合功能不仅体现在前端，还体现在后端。

在前端，Selcom 持续拓展零售代理网络，通过手机或 POS 机设备为客户处理各种后端公司的交易。

在后端，Selcom 的聚合功能主要体现在两个方面：

首先是支付聚合。Selcom 将支付工具供应商（如银行、移动网络运营商）与第三方公司（如公用事业公司）聚合在一起，降低支付障碍。

其次是账户聚合。Selcom 实现了终端客户能够在移动钱包和银行账户之间进行转账，为数字支付提供无缝的取现和支付服务。这种账户聚合的成本部分由银行吸收，部分由终端客户承担。

通过这些聚合功能，Selcom 在收入方面帮助单个代理商处理更大的业务量，提升其生存能力；在支出方面，由于一个账户即可涵盖多个服务提供商，Selcom 的代理商在启动和运营方面的成本得以降低。

持续优化乡村金融生态系统

为了解决"最后一公里"问题，我们还需要不断优化乡村金融生态系统。

通过前文的讨论不难看出，解决"最后一公里"问题需要发展战略上的引导，需要数字通信和计算等基础设施的支持，需要商业模式的创新，还需要金融行业内外的协作。就像好的果实需要好的气候土壤环境来抚育一般，乡村金融的生态系统也需要不断进化，才能够支持越来越多好服务的诞生、良性竞争并不断迭代。本书第十四章将专门讨论如何打造乡村金融的优质生态。

数字时代的"最后一公里" 物理网点有何意义？

如果说早期流动银行服务的产生是因为缺乏基础设施，银行的网点体系尚未健全，那么最近十来年我们面临的又是另一番情形。由于数字银行的推广，许多银行网点的交易量快速下降，直至难以支撑网点的运营成本，一些银行在关闭网点的同时，开始在偏远地区运营流动网点。例如，德国克罗纳赫-库姆巴赫储蓄银行[1]从 2015 年起推出由巴士搭载的流动网点服务，原因是该地区储蓄银行的分支网点不断减少，但银行仍然需要服务本地企业

---

[1] 属于德国储蓄银行体系。

和尚未接受数字银行服务的老年人。①

注意，这里提到了"服务本地企业"。为什么要关注这一点？如果我们从长远来看，当数字时代原住民一代②老了，是不是自然也就没有尚未接受数字金融服务的老年人了？不过，我们尚不能判断 20 年后的技术状态，相应地，我们也无法确切知晓会不会有新技术催生新金融服务，让数字时代成长起来的老年人也应接不暇。所以，对于个人客户来说，物理网点的存在意义尚有一些不确定性。然而，对于企业客户或者说广义的经营者而言，"最后一公里"物理网点的意义可能是更实质性的。国际上已经有研究证实了这一点。

莫恰（Moccia）和彭纳基奥（Pennacchio）在《区域研究》期刊上发表了题为《区域创业与银行市场结构》的论文。③ 该文章以意大利市场为样本，以新公司成立来衡量，研究了当地银行市场结构是否会影响区域创业。结合 2011—2021 年意大利各省的数据，该研究发现银行集中度和公司成立之间存在倒"U"形关系。较低的银行集中度促进了公司成立，但如果大型银行的市场份额超过 58%（意大利南部、中部和北部的一些边缘和内陆地

---

① 参考 https：//global.chinadaily.com.cn/a/201802/22/WS5a8e674ea3106e7dcc13d62a.html。
② 通常指 20 世纪 80 年代之后出生的世代。
③ Moccia S，Pennacchio L. Regional entrepreneurship and the structure of the banking market [J]. Regional Studies, Regional Science, 2023, 10（1）：394-417.

区），集中度的提高会降低公司成立率。然而，本地银行的存在有利于新公司的诞生，可以减少高集中度带来的负面影响。这些发现表明，银行市场结构在塑造区域创业方面发挥着重要作用。

类似地，美国得克萨斯大学奥斯汀分校的三位学者研究发现，本地银行的数量可以预测企业数量的增长。[1]

我们认为，本地银行在促进创业方面发挥重要作用的原因可能包括如下五个层面。

一是了解本地需求。本地银行对其所在地区的经济形势、商业环境和企业家的特定需求有着深刻的了解，这种本地知识使他们能够定制更适合当地企业并更易于获取的金融产品和服务。

二是服务的便利性。与大型国家银行或国际银行相比，本地银行通常更容易为企业家提供服务。它们可能在企业所在的社区设有便利的分支机构，使企业家更容易获得银行服务和建议。

三是容易建立长期关系。本地银行往往注重与客户建立长期关系，这种基于关系的方法使他们能够提供个性化的金融解决方案和指导，这对于应对创业和发展业务挑战的企业家来说非常宝贵。

四是决策路径更短更快捷。与大型机构相比，本地银行的决策过程通常具有更大的灵活性。这种灵活性使他们能够更快地响

---

[1] Hand M C, Shastry V, Rai V. Predicting firm creation in rural Texas: A multi-model machine learning approach to a complex policy problem [J]. Plos one, 2023, 18 (6): e0287217.

应企业家的需求，无论是提供贷款、调整条款还是提供定制的金融解决方案。

五是较为全面地支持地方经济。通过支持在地企业和企业家，本地银行直接促进了当地经济的增长和稳定。它们帮助创造就业机会，刺激经济活动，并加强社区内的整体商业生态系统。

从本质上讲，本地银行是经营者的重要合作伙伴，通过提供量身定制的金融服务，与乡村社区建立深厚的联系，同时支持基层的经济发展。它们的重要性不仅限于金融交易，还包括指导、倡导和为其服务地区的整体繁荣做出贡献。

所以，即使数字金融已经深度渗透，我们也需要看到物理网点对于不同乡村经济主体发展的长远意义。

第十一章　乡村贷款利率越低越好吗

普惠贷款的低利率迷思仿佛是笼罩在金融行业的一片迷雾，而这片迷雾在乡村更加厚重。面对初入社会的年轻人，或者是上有老、下有小的中年群体，如果他们有 500 元的借款需求，有人会质疑：他们平时都不存钱的吗？面对刚刚脱离绝对贫困的乡村居民，或者不时遭到干旱、洪水侵袭的"庄稼人"，有人会觉得：对于这样的群体，贷款难道还要收利息吗？类似的质疑只是迷雾中的部分声音。本章将从因为利率费用高昂而颇受争议的"现金贷"讲起，通过国内外的实例来探讨利率这个话题。

从城市到乡村："现金贷" 替代产品的现实需求

"现金贷"的掠夺性与监管现状

"现金贷"在国际上通常被称为"发薪日贷款"（payday loan），因其高昂的利率（通常为超过 400% 的年利率）和较短的还款期（通常需要在几周内全额还清）而受到广泛批评。这样的贷款容易导致债务的恶性循环——借款人经常展期贷款或借新还旧，导致债务负担不断增加。批评者通常认为，发薪日贷款行为具有掠夺性，并且往往针对不完全了解这些贷款条款或后果的财务脆弱群体。此外，对发薪日贷款的依赖可能会阻止个人积累储蓄或解决潜在的财务问题，并对信用状况和长期财务安全造成损害。尽管发薪日贷款易于获得且审批流程快捷，但高昂的成本和潜在的长期财务损害使其成为一种有争议且通常不被鼓励的借贷形式。

相应地，对"现金贷"进行严格监管就变得顺理成章。在我国互联网金融风险整顿期间，互联网金融风险专项整治工作领导小组办公室和P2P网络借贷风险专项整治工作领导小组办公室于2017年出台了《关于规范整顿"现金贷"业务的通知》，对放贷资质和利率费用等提出了明确要求。例如，对于利率费用，该通知要求"各类机构以利率和各种费用形式对借款人收取的综合资金成本应符合最高人民法院关于民间借贷利率的规定"。由于目前最高人民法院要求民间借贷利率不得超过4倍LPR（贷款基准利率），假设现在LPR是4%，那么利率加费用最高不能超过16%。对于持牌机构，最高人民法院下发了于2021年1月1日生效的文件，确认持牌小贷公司也符合持牌金融机构资格，应遵循年利率24%的上限，否则法院在相关争议中不支持更高利率的追索。

在美国，目前有15个州和哥伦比亚特区明确规定发薪日贷款是非法的。[①] 在允许开展发薪日贷款的 35 个州中，科罗拉多州、蒙大拿州、新罕布什尔州和南达科他州设定了年利率不得超过 36%的上限。美国消费者金融保护局（CFPB）对发薪日贷款替代产品的监管标准是，费用和利率是否反映成本和风险，是否会给消费者带来损害，以及是否会给消费者带来好处。

在英国，"现金贷"被金融监管当局称为"高成本短期贷款"（high-cost short-term credit，简称 HCST），其贷方和经纪人需要经过英国金融行为监管局（FCA）的授权和持续合规检查。2015 年起，英国出台了价格上限新规，要求每日价格上限不得超过 0.8%，逾期还款的费用不得超过 15 英镑，总利息和费用不得超过本金的 100%。英国于 2017 年对该价格规定的执行效果进行了复核，该复核发现，2015 年价格新规改革降低了贷款成本，减少了因发薪日贷款而陷入债务问题的客户，使得 76 万借款人每年共节省了约 1.5 亿英镑。基于该复核结果，英国将高成本短期贷款利率上限维持在 2015 年新规的水平。

"现金贷"的替代产品

"现金贷"在不同国家或多或少都受到了监管限制，但值得关注的是，近年来国际上不少主流金融机构、金融科技平台都推

[①] 参考 https://www.consumerfinance.gov/about-us/newsroom/prepared-remarks-cfpb-director-richard-cordray-payday-rule-press-call/。

出了"现金贷"的替代产品。

美国第一家获得 JD Power"金融健康支持认证"的机构是美国银行。截至 2024 年，美国银行已经连续 3 年获得该认证。在该银行支持客户金融健康的服务组合中，有一个小额现金支用产品叫 Balance Assist。该产品的使用条件包括，持有美国银行普通支票账户 1 年以上，如果没有信用分则须持有美国银行普通支票账户两年半以上，所持有美国银行的支票账户余额都是正的，每个月有入账记录，当前没有未归还完的该产品，过去 12 个月使用不超过 6 次，同时综合考虑信用状况。① 满足条件的客户可以使用该产品支用 500 美元以内的额度，单一费用为 5 美元，所借资金和 5 美元费用分 3 个月等额归还。总体来看，美国银行 Balance Assist 这款产品的使用前置条件较多，且只服务存量客户，不过一旦客户符合了这些条件，使用该服务会较为便捷。

Fair Finance（公平金融）是英国的一家非营利社会企业，主营业务是财务和债务咨询，以及小额短期贷款——作为"现金贷"的替代产品。新客户可以借几百到一千英镑。Fair Finance 在其网站的借款页面提供了一个借 500 英镑、分 12 个月归还的代表性示例：总还款额为 929.40 英镑，每月分期付款为 74.95 英镑，并需支付 30 英镑的一次性管理费（6%）。由于 Fair Finance 不是

---

① 没有信用评分的客户要求持有支票账户 2.5 年以上。详见 https：//promotions.bankofamerica.com/deposits/balance-assist。

银行类机构，其需要向银行支付管理和结算费用，所以新客户的管理费较高。其网站显示，客户第4次借款时将不再需要支付管理费。

此外，还有一类供应呈上升趋势的服务是"提前支取工资"（earned wage access，简称EWA）服务。EWA旨在解决低收入人群（尤其是非正规部门的低收入人群）面临的流动性限制。这种服务通常通过雇主和金融科技公司之间的合作来运作：提供该服务的金融科技平台通过查阅工资记录而非信用记录来确认是否发放这种短期流动性支持，员工支取的是自己已经挣得但要等到统一时间才发放的工资。由金融科技平台而非雇主来向员工提供这种支持，可以避免增加雇主的现金流管理压力，同时提升员工的现金流可控程度。

例如，假设某企业实行双周工资制，每个月1日和15日发放工资，而有一名员工在5月10日突然需要一笔钱。这时，由于该员工已经工作了8天（除去周末），其账上实际上已经记录了8天的工资。提前支取工资服务就可以按照8天工资的一定比例给该员工提供流动性。

以同时在美国和加拿大运营的ZayZoon为例。当雇主与ZayZoon达成合作后，雇员每天最多可支取200美元/加元的工资，每个工资周期提前支取额度不超过该周期工资的一半，每次交易费用最高为5美元，从下一份薪水中扣除。ZayZoon的统计数据显示，对于使用ZayZoon的雇主而言，平均每个月每个雇员可以减少 8 个小时的缺席时间，员工流动率减少 29%，职位申请人数会增加至 2 倍。①

谁是主要需求者？

谁是"现金贷"替代产品的主要需求者？这个问题似乎很容易回答：当然是钱不够用且没有应急储蓄的人。但是，我们还需要再往下问，有这样需求的群体是少数吗？不时需要紧急借钱，一定是低收入群体吗？除了收入低，收入不稳定是否有影响呢？

我们首先可以从常识推断，既然市场上已经有不止一两家机构提供这样的服务，那说明需求群体应该不会很少。英语里面有一个短语叫"living paycheck to paycheck"，大概是指每笔工资都花得紧紧凑凑、没有余钱，有类似中文里面"月光族"的含义。德勤的《德勤全球 2024 年 Z 世代与千禧一代调研报告》于 2023 年 11 月到 2024 年 3 月调查了全球 44 个国家的两万多名受访者。②结果显示，在 Z 世代和千禧一代中，分别有 56% 和 55% 都是"月光族"。美国 2023 年的几项消费者调查显示，"月光族"的受访

---

① 参考 https：//www.zayzoon.com/earned-wage-access?__hstc=158721573.4f7c4b259faf9f4c0c9ea191df19aa65.1719955413271.1719955413271.1719955413271.1&__hssc=158721573.3.1719955413272&__hsfp=936756102&hsutk=4f7c4b259faf9f4c0c9ea191df19aa65&contentType=standard-page。

② 参考 https：//www.deloitte.com/content/dam/assets-shared/docs/campaigns/2024/deloitte-2024-genz-millennial-survey.pdf?dlva=1。

者比例更是从 58%[①]到 78%[②]不等。

除了关于"月光族"的调查，金融健康调查中通常也会反映相关的指标。2023 年春季，美国金融健康网络收集的调查数据显示，美国有 49%的受访者支出少于收入，这意味着有 51%的受访者要么收支刚好平衡没有余钱，要么支出比收入还更高。在这样的收支状态下，意外开支更有可能导致紧急借款需求。从不同的收入组来看，年收入低于 30 000 美元的家庭中，收支刚好平衡或入不敷出的比例高达 67%；不过，即使是年收入 100 000 美元以上的家庭，这个比例也有 35%（即支出小于收入的比例是 65%）。另外，该调查还显示有 43%的受访者没有能够支持 3 个月生活开支的应急储蓄，年收入低于 30 000 美元和高于 100 000 美元的家庭这个比例分别为 63%和 27%。

2024 年 1 月，英国金融行为监管局收集的数据显示，28%的受访者表示面临财务困难。在年收入低于 15 000 英镑的家庭中，这个比例是 60%；在年收入高于 50 000 英镑的家庭中，这个比例是 16%。[③]

除了收入水平的不同，收入的波动性也会极大地影响人们管

[①] 参考 https://www.cnbc.com/2024/04/09/most-of-americans-are-living-paycheck-to-paycheck-heres-why.html。

[②] 参考 https://www.forbes.com/advisor/banking/living-paycheck-to-paycheck-statistics-2024/。

[③] 参考 https://www.fca.org.uk/publication/financial-lives/financial-lives-cost-of-living-jan-2024-recontact-survey-findings.pdf。

理金钱的难度。2024年4月，中国普惠金融研究院与蚂蚁研究院合作发布的金融健康调查显示，即使年收入水平在5万元以下，当收入波动性较低时，金融健康处于"比较健康"和"非常健康"状态的比例合计为40.9%，也达到同收入水平中高波动组（8.2%）的约5倍。对于收入波动性处于中高水平的群体，其收入要达到30万元及以上时，金融健康程度才能超过收入5万元以下低波动组。这意味着，收入波动性对金融健康带来的负面影响需要数倍收入的提升才能弥补。

从前文中的数据可以看到，所有收入群体都可能会有"现金贷"替代产品的需求，即使高收入群体也无法对财务困难"免疫"。但是，收入越低、收入波动性越大的群体更容易面临捉襟见肘的情况，他们是"现金贷"替代产品的主要需求者。

本书第三章展示了城乡居民的可支配收入和收入波动性的特征。根据国家统计局的统计口径，乡村居民的人均可支配收入不及城镇居民的一半，但收入的波动性明显更高（接近2倍）。这意味着，我国乡村居民更有可能需要短期流动性融资。

我们的调查数据也表明，消费侧的或者说生活侧的融资需求是更广泛存在的。CAFI研究团队2023年对宁德市调研的数据显示，获得资金融通的家庭中，用于农工商生产经营支出的家庭占比为43.6%，而用于生活性消费的家庭占比达到82.6%，约为前者的2倍，其中用于购房建房的家庭占比最高，其次是子女教育，比例分别达到45.6%和41.8%；获得资金融通的经营主体中，经工商部门核准登记的小微企业开展生产性融资的比例为62.6%，开展生活性融资的比例为75.9%。

如何看待"现金贷"替代产品的利率？

前面提到的几种"现金贷"替代产品，都在不同程度上得到了相应市场金融消费者保护部门的认可。我们计算了不同假设场景下的产品的年化利率，如表11.1所示。为了简化展示效果，我们略去了货币单位。

表 11.1 根据不同借款/支取场景模拟计算的产品利率

产品	借款额度	一次性费用	付款期数	付款周期	每期还款金额	年化方法	年化利率
美国银行 Balance Assist	500	5	3	每月	168.33	月复利	5.99%
美国银行 Balance Assist	200	5	3	每月	68.33	月复利	14.94%
美国银行 Balance Assist	100	5	3	每月	35.00	月复利	29.76%
Fair Finance 第1次借款	500	30	12	每月	75.29	月复利	142.00%
Fair Finance 第2次借款	500	20	12	每月	65.20	月复利	101.45%
Fair Finance 第3次借款	500	10	12	每月	65.20	月复利	96.64%

（续表）

产品	借款额度	一次性费用	付款期数	付款周期	每期还款金额	年化方法	年化利率
Fair Finance 第4次借款	500	0	12	每月	65.20	月复利	91.98%
ZayZoon	200	5	1	14天	205.00	周复利	65.00%
ZayZoon	200	5	1	7天	205.00	周复利	130.00%
ZayZoon	100	2	1	7天	102.00	周复利	104.00%
ZayZoon	100	2	1	3天	102.00	天复利	243.33%
ZayZoon	100	2	1	1天	102.00	天复利	730.00%

注：ZayZoon提供的服务是否属于贷款尚未得到明确界定，本表仅模拟利率费用的计算方法对其服务的费用率进行了年化计算。如果考虑到并没有员工之外的资金供应方，ZayZoon收取的只是服务费，也没有与传统意义上的贷款相关的资金成本、信用风险，那么这种年化费率的方法可能并不合理。

美国银行Balance Assist的最高限额是500美元，5美元的一次性费用不因额度而变化，并且统一分三期还款。每期还款金额由"（本金+5美元）/3"简单平均得到。由于该产品按月还款，我们使用月复利方法计算该产品的年化利率。从表中可以看到，当客户借款最高额度500美元时，年化利率仅为5.99%。借款200美元和100美元时，年化利率分别为14.94%和29.76%。虽然美国银行的这款产品在表中三款产品中是条件最多的，但整体年化利率确实是最低的。

英国Fair Finance提供的贷款对于新用户收取的一次性手续费和利率都较高。从表中可以看到，当客户第2次、第3次借款时，手续费分别变为4%和2%，直到第4次借款变为0。对于老客户的利率也相对较低，表中我们使用了其官网上示例的老客户借款 500 英镑、12 期每期还款额为 65.2 英镑。由于 Fair Finance 的贷款非常明确地对标发薪日贷款的替代产品，并且其客户有相当一部分是面临财务困难、需要找他们寻求咨询和帮助的，包括有逾期贷款、领取政府补助、新到英国没有任何记录等情况，所以，Fair Finance 贷款的年化利率较高也体现了其客群特征。通过计算可以发现，Fair Finance 的借款成本处在英国金融行为监管局 2015 年新规的水平之下。

  ZayZoon 提供的服务是否属于贷款，在美国社会仍有争议，并且未来可能在美国不同的州会对类似的服务有不同的界定。[①] 根据 ZayZoon 官网的解释，ZayZoon 提供的服务不属于贷款，因为员工支取的是自己的钱，[②] 最后还款也是通过少发工资[③]实现的，而不是从员工的银行账户里扣款。这意味着没有员工之外的资金供应方，ZayZoon 只是帮助雇主实现了这个功能。[④] 美国消费者金融保护局于 2017 年修订出台了新的发薪日贷款监管规则，其中

[①] 例如，2024 年初，美国众议院第 5140 号法案（House Bill 5140）将 ZayZoon 提供的服务界定为贷款，ZayZoon 对此提出了异议。参考 ZayZoon 给康涅狄格州银行业委员会的回信：https://www.cga.ct.gov/2024/badata/TMY/2024HB-05140-R000220-McAdam,%20Garth,%20General%20Counsel-ZayZoon--TMY.PDF。

[②] 参考 https://www.zayzoon.com/blog/everything-youve-heard-about-earned-wage-access-ewa-that-isnt-true。

[③] 即该周期原本的工资减去已支取部分和服务费。

[④] 或者说，这种服务把一直以来雇主享有的软福利（持有应发未发的员工工资）减少了。

对类似ZayZoon提供的服务进行了专门讨论，[①] 指出其属于金融科技创新浪潮的一部分，有兴趣鼓励在这个领域进行更多的实验，并继续观察其是否会损害金融消费者的利益。

相应地，表11.1中我们对ZayZoon提供服务的年化利率的计算并不一定合适，因为年化利率的算法传统上是用于计算贷款成本的。在借贷关系中，有资金供应方，承担着资金成本、管理成本和借款人的信用风险。而在ZayZoon提供的服务中，似乎没有承担着这些风险的资金供应方。

这个例子让我们看到，如果把所有类似的服务都按照同样的利率标准进行评判，并且以此确定一些服务是否合规，那可能会导致一些服务创新的消散。就像在表11.1中，我们按照传统年化利率的计算方法得到的结果可能大大超出任何金融监管当局能够接受的范围。但对于终端消费者而言，这项服务的成本确实是可控的，并且钱不够花的情况也是现实存在的。

我们不能以"何不食肉糜"的姿态来评判当事人为何不准备应急资金。使用这种服务的人可能是独自养育孩子的单亲妈妈或者单亲爸爸，他们平时就过得紧巴巴，如果家里有人病了，看病花掉了不多的存款，这种服务可以让他们不有损尊严地度过等待工资发放的日子。使用这种服务的人也可能是风里来雨里去的外卖小哥，电动车故障、老家有亲戚婚丧嫁娶，都有可能让他们的

[①] 参考 https：//www.federalregister.gov/d/2017-21808/p-1000。

存款见底。

所以，以"现金贷"替代产品的利率为一个窗口，我们可以瞥见在充满不确定性的世界里，有一些看似价格较高的服务是具有存在合理性的，也是相对安全的。既然我们已经认识到了地下的、非法的、掠夺性的"现金贷"产品的危害，那么是否可以考虑为"现金贷"替代产品创造规范化发展的环境呢？

如何看待生产性小额贷款的利率？

虽然人们通常不会质疑用于生产经营的贷款需求的合理性，但这类贷款的利率也常常被认为应该尽可能低，尤其是不应该比实体经济的利润率更高，否则，实干者的财富不就永远都追不上出借贷款的一方了吗？

我们显然不能在这里展开讨论这个话题，因为这可能需要不止一本书来对此进行剖析，就像托马斯·皮凯蒂所著的《21世纪资本论》，或者悉尼·霍默和理查德·西勒合著的《利率史》。但我们可以做一些简单的分析，来拆解生产性小额贷款利率，也就是小额贷款的价格，并从其结构探讨利率的现实含义。

有效利率的构成

世界银行扶贫协商小组高级顾问理查德·罗森博格曾经在一篇论文中给出了一个简化公式，用于计算微型贷款机构所需的年化有效利率。我们把它直译成中文是下面这个样子：

$$年化有效利率 = \frac{管理费率 + 贷款损失率 + 资金成本率 + 目标资本化率 - 投资收益率}{1 - 贷款损失率}$$

这个简化的公式非常形象地展示了一家贷款供应商的价格构成——小额贷款机构想要自给自足，首先需要能够负担各种成本，包括管理费用、贷款损失、资金成本；然后，它需要对自己的成长有一个预期，这关系着如何设置目标资本化率——扣除通胀后的净利润与平均贷款资产总额之比，适度的利润可以帮助小额贷款机构提升服务能力、服务更多的客户；最后，如果一家机构拥有产生收益的资产，则需要在自给自足利率中减去投资收益率。所有这些比率都以过去一年的平均贷款资产总额为分母，分子则是相应时间段的成本、损失或收益。[①]

对于上述利率的构成，我们在此不需要深究其中的计算细节，只需要理解这个简单的结构为我们提供的思考框架：

第一，贷款利率不是贷款供应机构的利润率，贷款利率超过企业利润率时，不代表贷款供应机构比融资的企业更挣钱。在上述公式的分子中，会让年化有效利率提升的项目有四项，目标资本化率只是其中一项。

[①] 感兴趣的读者可以找到这篇原文来查看细节：https://www.cgap.org/sites/default/files/CGAP-Occasional-Paper-Microcredit-Interest-Rates-Nov-2002.pdf。

第二，管理费率、贷款损失率、资金成本率主要取决于机构的商业模式、服务对象、服务能力、市场地位（资金成本率）以及外部因素（例如经济状况、金融政策、基础设施可得性等）；目标资本化率则更多地取决于机构的使命和阶段性目标。

第二点意味着，即使是拥有同样目标利润率的机构，只要它们的性质不同（大银行、小银行还是小贷）、商业模式不同（纯线上还是需要实地考察）、服务对象不同（中小企业、微型经营者还是小农户）、服务能力不同（是否拥有成熟的团队和技术条件）、所在地域不同（发达地区还是欠发达地区的乡村，是否有农户的信用信息）……它们能够可持续经营的有效利率都可能是不同的。

利率上限的正面作用与潜在危害

前面我们提到，英国2015年的利率新规在2017年的复核中得到了较为满意的评价，被认为减少了因发薪日贷款而陷入债务问题的客户。不过，这个新规中的数字很难不让人产生疑问：为什么日息率不能超过0.8%，而不是0.5%、0.7%或者0.9%？为什么逾期还款的费用不能超过15英镑，而不是10英镑、20英镑或者25英镑？为什么总成本不能超过100%，而不是60%、99%或者101%？100%显然并不会比99%或者101%具有更大的合理性。

这个时候不妨让我们思考一下：设置利率上限是为了什么？

通常来讲，设置利率上限是为了应对掠夺性的放贷行为，预防财务弱势群体陷入债务陷阱。这意味着，监管当局真正需要做的是监督放贷人或者放贷机构的行为，审计其价格结构，评估其社会效益。但是，由于监管资源的限制，利率上限就成为一个简化的防御性工具。

那么，利率上限可能产生危害吗？通过前面的讨论大家应该能够感受到，设置利率上限并不那么容易。

在很长一段时期里，尤努斯教授创办的格莱珉银行的贷款单利都是20%。[1] 根据前面提到的有效利率公式，格莱珉模式的管理费率会明显高于普通银行，因为他们每周都会组织召开贷款小组的会议，并为客户提供金融、商业、健康等方面的教育。如果我们假设孟加拉国的利率上限是16%，那么最终获得诺贝尔和平奖的创举可能根本就不会发生。

又或者，假设在当前的英国，利率上限规则要求所有借款总成本不能超过50%（而不是100%），那么前面提到的Fair Finance的利率也会变得不合规，它将无法向那些已经遇到财务困难的人、那些在英国毫无信用记录和数据痕迹的人、那些靠政府补助生活的人提供替代掠夺性"现金贷"的贷款。

---

[1] Papa MJ, Auwal MA, Singhal A. Dialectic of control and emancipation in organizing for social change: a multitheoretic study of the Grameen Bank in Bangladesh. Commun Theory. 1995 Aug; 5 (3): 189-223. doi: 10.1111/j.1468-2885.1995.tb00106.x. PMID: 12346515.

所以，设置利率上限当然有其正面作用，但也可能对金融体系的包容性形成限制。这要求我们反思初心——普惠金融的终极目标是中小微企业、弱势群体的福祉提升，乡村金融的终极目标是乡村全面的、可持续的发展。我们可能需要不时以终极视角来审视金融规则，尝试靠近利率上限背后的真正目标。

专栏 11.1　Kiva 的负责任定价审查[①]

Kiva 成立于 2005 年，是一家注册于美国旧金山的非营利微型贷款众筹平台。虽然 Kiva 只有 110 名员工，却在全球拥有 4416 家合作机构。Kiva 的网站只作为在线筹款平台，筹到的资金全部零利率提供给位于 81 个国家的合作机构，由它们来完成贷出过程。这就意味着，Kiva 需要对合作机构进行筛选，尤其要对它们的定价模型进行审查，确保负责任的借贷。

- Kiva 首先会对每一个合作伙伴进行负责任定价审查：先计算出年化利率，然后将该利率与微型贷款机构的其他指标进行比较，包括经审计的财务报表、总资产收益率、通货膨胀率、运营成本、所在国经济状况以及典型客群特征。通过这个过程，Kiva 可以识别出利率偏高的产品。

---

① 本案例参考 Kiva 官网公开信息：https://www.kiva.org/。

- 针对那些高利率产品，Kiva 会搜集和分析进一步的信息，例如高管薪酬、分红政策、同区域其他微型贷款机构的定价、贷款还款周期安排。
- 随着合作的深入，Kiva 还会要求合作伙伴提供它们对客户影响力的证据，以及根据 Smart Campaign[①] 的客户保护原则进行自我审计。
- 如果客户提供的证据没有达到标准，Kiva 则会终止合作。
- Kiva 同时也会通过借款人的反馈来评估合作机构的定价合理性。例如，一家位于乌干达的合作伙伴年化利率高达 84%。一项独立的影响力研究发现，只有 6% 的客户认为贷款太贵了，98% 的受访者表示从这个机构获得的贷款让他们的收入增加了。

2022 年的数据显示，Kiva 所有合作伙伴的贷款组合平均收益率为 25%，但税前利润率仅为 2%。[②]

不同的机构"物种"与不同的利率

截至目前，很难有一种贷款模式能够服务所有客户，这意味着市场上会有非常不同的利率定价存在。实际上，假设我们的市

[①] 参考 https://www.smartcampaign.org/。
[②] 参考 https://www.kiva.org/blog/whats-up-with-microfinance-interest-rates。

场足够高效率、信用评估工具足够灵敏，当我们以 24% 作为利率最高限，以一个基点①为最小变动值，市场中可能有从 0.00%、0.01% 到 23.99% 两千多种不同的利率价格，可以通过不同的商业模式来服务不同资信状况的客群。

最重要的是，我们需要意识到，这世界上许许多多的贷款商业模式，就像不同的物种一样，有其独特的栖息环境和生态价值。为了实现这些价值，它们需要付出不同的成本，所以有不同的价格。

举例而言，常熟农商行在 2001 年首批从农村信用社改制为农商行，是我国吸收运用、本地化发展德国 IPC 信贷技术②和信贷工厂模式的典范。常熟农商行在前端使用 IPC 信贷技术，通过富有经验的信贷员来收集没有完整财务报表的小微企业的信用信息，实现贷款的初筛和进件；信贷工厂则负责整个贷款流程的效率和规则，将"非标业务标准化"；近年来又通过建设移动信贷平台来进一步提升效率。截至 2023 年末，常熟农商行全行的户均贷款是 43 万元，涉农贷款占比达到 2/3，贷款余额 100 万元及以下的户数占比为 94%。

---

① 一个基点即 0.01%。
② IPC 信贷技术是指由德国国际项目咨询公司（Internationale Projekt Consult GmbH，简称 IPC）所提出的信贷技术。20 世纪 80 年代末，全球缺乏针对微型和小型企业的正式信贷服务。德国国际项目咨询公司受国际发展机构委托，开始向储蓄银行和非政府组织提供发展融资咨询服务。参考 https://www.ipcgmbh.com/wp-content/uploads/2020/01/IPC-Company-History.pdf。

基于常熟农商行的上述特征，我们不难理解其利率要比户均1000万元、2000万元的普惠小微企业贷款更高的原因——财务报表不完整的小微企业，每一家都需要跟踪服务。不仅小银行的资金成本通常会高于大银行，其服务对象和模式也意味着更高的管理成本。常熟农商行2023年的年报显示，贷款与垫款的平均收益率是5.81%，其中企业贷款的平均收益率是4.76%。2023年全国新发放普惠型小微企业贷款平均利率是4.78%，如果仅看企业贷款的话，常熟农商行的利率基本与之持平。

如果说常熟银行是服务小微企业的一个代表性"物种"的话，小贷公司又是另一个截然不同的"物种"。当常熟银行向其企业客户收取平均4.76%的利率时，许多小贷公司的融资成本就可能超过5%。与此同时，部分小贷公司的服务对象可能更加微小，像是需要买几只羊羔的农民，或者摆地摊儿进货差钱的小贩。服务这些客户往往意味着更高的运营成本。

所以，利率和利率是不一样的，我们需要看到利率背后的故事。

低价更重要，还是可持续的金融机会更重要？

答案变得清晰

当我们理解了利率作为资金价格的结构时，低价更重要还是可持续的金融机构更重要这个问题似乎就迎刃而解了。简单地说，在一个时间点上，当价格足够低时，金融机构能够服务的对象就变少了。

我们不否认，也许再过几十年，当数据积累得足够多、技术足够进步、机制足够成熟时，服务一些客户的成本会明显下降，但我们讨论的是当前的问题——乡村振兴是当前的议题，乡村金融现在、此刻就需要为乡村的发展提供源源不断的机会。

如果我们因为"不忍心"从乡村小微企业、弱势群体那里收取足够机构可持续经营的利息，而要求所有金融机构快速扩大乡村服务并且不断降低价格，那机构可以一夜之间学会用低得多的成本去服务原本不太擅长服务的客户吗？大机构会以资金成本优势抢占小机构的大客户吗？成本率较高的小机构会退出市场吗？原本小机构服务的那些小客户怎么办？

赚穷人的钱是否符合道德准则

关于商业化、商业资本和商业投资者在向穷人提供微型金融方面的角色是什么，赚穷人的钱是否符合道德准则的问题，早在2008年，穆罕默德·尤努斯教授和提供微型贷款的墨西哥康帕图银行（Banco Compartamos）的智囊之一迈克尔·朱，就以此为主题进行了辩论。尤努斯教授由于创立了格莱珉银行微型金融模式而获得诺贝尔和平奖，这一光环目前仍然具有全球影响力。迈克尔·朱管理的商业微型金融机构——墨西哥康帕图银行上市获得的空前成功，则让整个行业看到了微型金融不同的存在模式。所以，这次辩论可谓一次全球微型金融产业的巅峰"论剑"。

当谈到"当人们意识到自己从穷人那里赚取了利润时，会有非常不舒服的感觉"，迈克尔·朱指出，"唯一有用的视角不是我们的感受，而是在穷人的眼里怎样做是有用的"。他特别强调，微型贷款机构实现健康可持续利润意味着，有这么一个行业能够强有力地满足穷人的贷款需要。"这是穷人头一次可以大胆地设想，有一天每一个需要通过微型金融改善生活的家庭都能得到微型金融服务。这就是商业化微型金融的强大之处。""商业微型金融的承诺是，我们可以通过两不相欠的公平交易方式，去有效利用全世界的存款，触达所有可以从商业微型金融获益的家庭。"

过去一些年来，尤努斯教授在全球推动社会企业的发展，可谓以商业模式解决社会和环境问题的倡导者。虽然在上述辩论中，尤努斯教授是迈克尔·朱的辩论对手，并且在辩论中阐释了格莱珉银行是如何使借款人不再受高利贷盘剥，还将挣得的利润以分红的方式返还给借款会员，但尤努斯教授对于触达弱势群体和可持续经营的看重是显而易见的。关于触达弱势群体，尤努斯教授说："除非你迫使自己的机构触达贫困人群，否则无论你赚多赚少，都不会触达这一群体。"关于可持续经营，尤努斯教授在最后总结陈词中强调："另一个重要的问题是如何建立自力更生的当地机构。越是自力更生，它们就越有生命力。它们与不知道、不熟悉的东西关联越多，就面临越多的不确定性。我说的'当地'并不是指孟加拉国，而是指该机构所在的村庄。不仅格莱珉银行作为一个整体要自力更生，它下面的每个分行也都必须依靠自己的银行自有资金做到自力更生。"

从上面的论辩中，我们看到了这样的关键词——"两不相欠""公平交易""自力更生"。如果回到乡村振兴的初衷——实现人的全面发展，我们其实不难发现，对于当前因为种种原因处于相对弱势的群体而言，最重要的并不是今天的免费晚餐，而是源源不断的机会。

如何降低利率而不伤害市场活力？

让我们再次回到这个有效利率的公式上：

$$年化有效利率=\frac{管理费率+贷款损失率+资金成本率+目标资本化率-投资收益率}{1-贷款损失率}$$

通过前面两节的讨论，我们已经清楚了金融机构的利润主要体现在目标资本化率这一项。不同使命的机构（例如利润最大化机构、非营利机构），不同生命周期的机构（例如初创期、成长期、成熟期），自然会有不同的目标资本化率。在激烈的市场竞争下，它们也会不断地调整这个比率。

所以，如果我们想要通过外力来降低利率，而不伤害市场活力，有哪些渠道呢？我们可以从上面的公式中找到一些线索：从管理费率入手，我们可以创建更好的数据和信用基础设施，让所有机构都可以更低的成本获取信息，还能降低贷款损失率。我们还可以尝试提升服务的规模效应，让渠道变得更高效率、边际成本变得更低。① 从资金成本率入手，我们可以为专门服务弱势群体的机构搭建稳定的融资关系和渠道。例如，由大机构（或政策性金融机构）向这些乡村金融机构提供低成本的批发资金，让大机构通过它们实现乡村振兴的贡献；或者建立资本市场融资渠道，让小机构也可以充分地通过资本市场获取相对低成本的资金。

归根结底，价格是市场的信号，降低利率的举措应该尽量避免扭曲价格的信号作用。

---

① 关于乡村金融如何提升规模效应，详见下一章的讨论。

第十二章 乡村金融如何提升规模效应

人口相比城市稀少是乡村的根本特征之一。即使当城乡居民的平均收入和财富水平变得相近,乡村金融依旧会面临不同于城市的可持续运营挑战。我们在前一章讨论了合适定价的问题,这是乡村金融服务可持续运营的基础。在合适定价原则之上,可变的空间就主要是成本了。乡村金融如何提升规模效应以降低成本,这是本章的主题。本章将探讨两种提升规模效应或者说突破规模限制的路径。一是我们在第十章中讨论"最后一公里"问题的解决思路时,提到了"探索跨机构金融+非金融服务聚合供应模式",我们将通过不同类型的案例来展示聚合供应模式提升乡村金融规模效应的可能性。二是我们在观察国内外社区银行(小银行)发展时,看到的规模限制的解决思路。

聚合供应模式有哪些类型?

假设我要经营一个小生意养活自己,可以在所住的小区里卖方便面吗？我想大家对此很清楚，这取决于我的定价，以及每个月小区里有多少人愿意来买方便面。如果即便我薄利出售，小区里对方便面的需求依旧不多，那方便面这个生意就行不通了。我应该怎么办呢？熟悉社区生态的我们大概不需要动脑子就能脱口而出，如果小区还没有小卖铺的话，开个经营日杂的小卖铺也许能行，这样我不仅售卖方便面，还可以卖一系列吃的、用的。这意味着同一个经营者可以售卖许多不同种类的商品，吸引具有不同需求的客户。如此卖出足够多的商品、赚取足够多的利润，才能实现养活经营者这个目标。

乡村金融聚合供应模式的道理与之类似，即金融与非金融服务通过共享销售渠道、服务平台来摊薄成本，实现乡村金融服务的规模效应和可持续运营。

目前，乡村与城市在发展能力上仍存在显著差异，乡村金融服务也面临着非常不同的处境——更稀疏的需求分布，更小的交易流量、贷款需求、财富净值。为了在乡村提供综合化的金融服务，聚合供应可能是许多金融服务不得不采用的模式。我们认为聚合供应模式有潜力在乡村金融中扮演至关重要的角色，接下来的案例可以让我们看到许多可能性。

村级代理模式

村级代理模式是指在村庄中设立线下站点，由本地人代理运营，提供包含金融服务在内的综合化服务的模式。这些服务可能在线下完成，也可能由经营者辅助客户在站点的设备和网络上完成。我国已经实现了的"村村通"助农取款服务点就是这种模式的一个简单形式，服务种类通常只包括取款、账户查询和缴费等基础服务。然而，乡村居民的金融需求实际是综合化的，也是有可能通过创造性的方式予以满足的。

下面我们通过成都"农贷通"的案例，展示村级代理模式可以叠加的想象力。

专栏12.1 "农贷通"打通政策、信用、产权、贷款、保险一站式服务

2015年，成都市成为全国农村金融改革试点城市，开启了一系列金融改革试验。其中，2017年7月开始运营的"农贷通"平台成为成都金改的代表项目之一。至2024年6月，"农贷通"已覆盖成都、眉山、资阳三市（见图12.1）。

什么是"农贷通"？

如图12.1所示，"农贷通"是一个线上线下有机融合的乡村金融科技服务平台。在线上，"农贷通"汇集了乡村产权、信用信息、涉农政策和普惠金融服务；在线下，"农贷通"按照统一规范，建设了金融、产权交易、电商"三站合一"的村级服务站，实行"三块牌子、一套人马、一套硬件设施、一站式服务"。

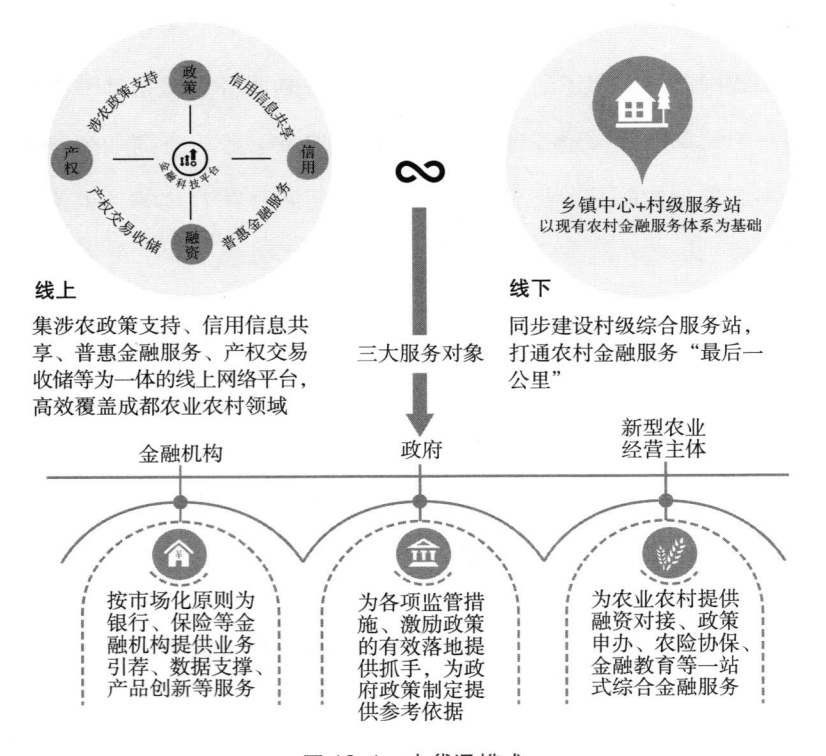

图 12.1　农贷通模式

资料来源：农贷通金融产品手册。

"农贷通"做了哪些开创性工作？

一是汇集乡村产权、信用信息，服务借贷双方。"农贷通"是在 2016 年成都市全面完成农村产权确权颁证的基础上创立的。其归集的数据涵盖产权交易、农户信用信息、工商基本信息、农业职业经理人、土地经营权证、耕保基金以及农业奖励补贴等方面。[1]

---

[1] 参考 http：//sc.people.com.cn/n2/2023/0330/c407541-40357595.html。

在这些数据的基础上,该平台研发了涉农经营主体信用信息报告、基础工商信用报告、农户资质评估报告、税务征信报告,可以在开展融资对接过程中提供给金融机构,为融资主体增信。

二是村级专业联络员"代理"不同机构的贷款、担保、保险产品。"农贷通"在农业产业资源丰富、常住人口较多、金融需求旺盛的区域建设村级综合服务站,"以点带面"辐射带动周边行政村,并打造了专业联络员队伍在村级层面直接面向乡村客户,提供信用信息采集、贷款和保险引荐、金融知识宣传、平台操作辅导、产权交易推送等服务。其中,引荐的金融服务包括数十家金融机构的数百个贷款和保险产品,以及四川省农业融资担保有限公司的农业和绿色担保产品。

三是政策引流。"农贷通"平台提供在线申报和审核涉农贷款贴息、农业职业经理人保费补贴,也可以为平台的推广起到一定的引流作用。

从农贷通金融产品手册来看,目前供应的金融产品以农业贷款、农业保险为主。在上述服务体系的基础上,"农贷通"实际上还可以有更多的想象力。例如,2023年,该平台还汇集了供应链金融、国债下乡、农村商业等业务功能。

农业服务+金融模式

农业服务+金融模式是指提供农业服务的组织同时代为链接金融服务的模式。由于农业服务涉及耕、种、管、收、售等诸多环节，农业服务+金融模式在一定程度上与农业供应链金融类似。总部位于山东的金丰公社和位于成都大邑县的"吉时雨"数字农业服务平台可以作为这种模式的典型案例。

专栏12.3　金丰公社

总部位于山东省临沂市的金丰公社由世界银行国际金融公司、亚洲开发银行等多边开发机构投资创办，主要采用了分散式的B2C（商对客）服务模式运营现代化农业服务合作平台。"分散"体现在不同县域的经营主体在农用物资、农机资源的准备上具有一定的自主性，并非由集团公司统一购置，但B端的性质是较为明确的。金丰公社打造了上游聚资源、中游建网络、下游做服务的现代农业产业链闭环，针对农业主要痛点，提供生产托管、农业金融保险、农资套餐、农产品销售的服务内容，尤其是在农户、合作社等经营主体不流转土地经营权的条件下，在双方达成契约的情况下，帮助他们完成农业生产中的耕、种、管、收、售等全部作业环节。金丰公社数据显示，这种模式可帮助农户每亩地降低种植成本12%左右、粮食产量增加约10%，粮食一年增收200元/亩。目前，金丰公社已托管土地3700多万亩，覆盖22个省份、552个县。在地块管理方面，当下金丰公社主要使用了无人机飞防、农机遥感等技术，下一步将继续探索数字化农业平台建设和遥感、物联网、GIS等技术的开发和应用。这个模式既解决了因劳动力短缺而造成耕地丢荒的问题，也保持了耕地的原来承包关系和地界。更重要的是，它让承包家庭确定了种什么品种、用什么肥料、如何处置农产品等问题。

专栏12.4 "吉时雨"数字农业服务平台

位于成都大邑县的四川润地农业有限公司所运营的"吉时雨"数字农业服务平台部分采用了C2C（个人对个人）模式，通过整合农机作业、农资购买配送、农业生产托管、粮食烘干加工及农产品销售等产业链资源，本地的农资供应商、不同规模的农事服务商都可以在该中心开发的"吉时雨"平台中与农场主对接。与此同时，"吉时雨"平台在数字技术的运用上更为深入，提供了"耕地识别、作物识别、环境监测、适种分析、灾害预警、产量预测、精准生产和价格预测模型"八大功能。成都市农业农村局信息显示，纳入"吉时雨"平台地块的农药化肥污染程度降低10%，作物效益提高10%以上，劳动力用工减少30%以上，水资源利用率提高30%以上，肥料利用率提高15%以上。此外，"吉时雨"平台还与多家金融机构签订了合作协议，提供高效率的在线贷款和保险服务。

第三方综合代理模式

我们在第十章中的解决思路部分提到了起源自坦桑尼亚的

Selcom 聚合代理模式，这是在第三方已有线下服务网络（电话费充值网点）的基础上发展起来的一个经典案例。虽然我国尚没有完全对应的例子，但研究这种模式也不失为一种用于观察现实发展的思路。

如何弥补乡村小银行的规模劣势？

我国的乡村小银行主要包括农村商业银行、农村信用社、农村合作银行以及村镇银行，它们大多是具有独立法人地位的小型金融机构。我们在第十章中"最后一公里"问题的现实挑战部分讨论了小银行的劣势，并在最后一小节讨论了数字时代"最后一公里"物理网点的意义。尤其当我们从乡村需要产业、需要源源不断的企业家的角度来看，能够为本地创业提供更好支持的乡村小银行就更重要了。然而，当一家银行将其服务聚焦到一个或几个县域时，它能够依靠自身力量实现的资金成本、技术实力、服务和收入多样性以及风险分散程度自然也会体现出一家小银行的样子。这不利于乡村的全面发展：乡村居民和企业获取的是功能更少、技术更落后的金融服务；甚至乡村小银行自身也会面临可持续经营的挑战，其中包括更高的资金成本和更高的风险集中度。

这并不是一个容易解决的问题，因为看似直接的方案——扩大规模，并不能解决问题，反而会使其偏离使命、丧失存在的价值。扩大规模通常意味着要服务更大的客户群，或者多家银行的联合，前者意味着偏离目标客群，后者意味着决策链条的变化。所以，要弥补乡村小银行的规模劣势，我们需要明确解决方案必须遵循的原则。

坚持本地化的治理结构

乡村小银行的本地化治理结构可以确保管理层和决策者对当地经济和社会环境有深刻的了解。它们更容易把握当地的市场需求、经济活动和客户群体的特点，从而能够更有效地制定和执行适合本地市场的战略和政策，这是它们存在的使命和意义。通过本地化的治理结构，银行能够更好地理解和满足当地居民和企业的金融需求，建立更紧密的客户关系和社区联系。

如果乡村小银行采取非本地化的治理结构，可能导致管理者对本地市场和客户需求的理解不足，从而难以有效地根据本地特征运营和发展业务。同时，非本地化的治理结构也会导致决策链条拉长，不适应"短、小、急、频"的金融需求，甚至发生异化和脱节现象。

强化内部控制和关联交易的监管和审计

在本地化治理结构的基础上，小银行还需要不断提升治理能力，尤其要强化内部控制和关联交易的监管和审计。在小银行从内部发力的同时，地方金融监管部门的监督也同样重要。

明确内部控制框架。银行应该确保每一位员工都清楚了解内部控制政策，每个成员都知道自己在运作中的角色和责任。例如，制定一个简单易懂的操作手册，明确规定哪些步骤是必需的，如何处理各种业务情况，以及如何报告异常。

制定针对关联交易的政策和程序。明确的关联交易政策包括关联交易的定义、审批流程、披露要求以及如何确保公平交易，确保所有关联交易都必须经过严格的审批和记录，并且必须按照公平市场价值进行交易，避免利益输送。

加强信息披露和透明度。银行应该在年度财务报告中详细披露所有关联交易，包括交易的性质、金额、相关方、利益相关方的利益等信息，确保信息公开透明。在此基础上，及时向董事会、监管机构和利益相关者披露重要的关联交易信息，避免信息不对称和误解。

完善乡村小银行的规模效应支持体系

明确了坚持本地化治理结构的必要性，我们就会自然意识到，乡村小银行缺乏的不是控制它们的体系，因为它们最了解本地的客户和市场，可以根据需求做出最快速的响应。外在的控制会破坏本地化治理的优势，甚至可能扭曲乡村小银行的服务对象和效率。

例如，农信系统通常由省联社调动高管的做法，会导致一家地方小银行可能刚刚在小微企业服务方面做出成绩，就因高管调动而完全改变业务战略，将小微团队大幅裁撤。过几年高管再次调动，又可能重新扩招小微团队。如此不稳定的治理状态不仅会浪费大量的资源，也会极大地阻碍小银行在服务中的经验积累和技术进步。又如，在经济状况明显不同的地区规定统一的薪酬上限，会打击一线业务人员的积极性。

在本地化的治理结构和合适的治理能力的基础上，乡村小银行真正需要的是实现规模效应的支持体系，包括流动性管理、资本市场等综合金融业务、金融科技等。我们在第十章"最后一公里"问题的现实挑战部分提供了美国社区银行与金融科技合作以及相关监管指引的案例。接下来要介绍的德国储蓄银行的支持体系则更为全面，并且经历了较长历史时期的考验。

专栏12.5　德国储蓄银行的规模效应支持体系

悠久的历史

德国储蓄银行（Sparkassen）的业务模式始于18世纪后期，其主张每个人都应该有公平的机会通过储蓄和养老保障来改善自己的生活。通常认为，第一家储蓄银行1778年创立于德国汉堡，至今已有接近两个半世纪的历史。德国储蓄银行出现以后，仆人、体力工人、临时工、水手和其他人第一次可以安全地储蓄少量资金并赚取利息，从而进行财务准备。[①] 到1836年，当时的德意志邦联境内已有300多家此类储蓄银行，在德国工业化融资中

---

① 参考 https：//www.dsgv.de/sparkassen-finanzgruppe/organisation/sparkassen.html。

发挥了决定性作用。

独特的治理结构

德国储蓄银行治理结构的独特之处在于，它们是由基层市政（市/县）治理①的非营利机构。2018年的一项研究显示，在德国的不同州，73%~100%的储蓄银行董事会主席是由当地行政长官（如县长）担任的。这意味着，当本地的选民选择了新的执政官员，也就选择了新的储蓄银行高管。不仅如此，地方储蓄银行董事会的成员也来自本地利益相关方的代表，能够反映本地不同领域的发展需求。②

德国储蓄银行最初通常不是由地方政府建立的，相反，它们的起源可以追溯到18和19世纪由商人、神职人员或学者创办的储蓄基金会。这些早期机构的成立是为了提供金融服务并促进工人等相对弱势群体和小企业的储蓄和资本积累，旨在消除贫困并支持地方经济发展。随着时间的推移，许多早期的储蓄银行被地方政府接管或支持，因为它们认识到为社区提供便捷的银行服务的重要性。从私人创立的实体到市政或地区所有制的公法机构的转变是逐渐发生的，通常是通过德国各联邦州制定的立法法案和监管框架来实现的。

德国储蓄银行的使命是，在贴近客户并负责任地开展业务。

---

① 在法律上不属于私人所有权（eigentümer），是一种特殊的公共所有和治理支持的关系（träger）。

② 参考 https://www.piie.com/blogs/realtime-economic-issues-watch/germanys-savings-banks-are-uniquely-intertwined-local-politics。

虽然现在德国储蓄银行包含在德国储蓄银行金融集团中，但每家储蓄银行都是独立的、本地管理的，所对应的区域通常是单个市镇或一个区内的多个市镇。储蓄银行根据区域原则将其业务活动集中在其所在地区的客户身上，满足公众利益是储蓄银行最显著的特征之一，其经营目标通常包括，为经济欠发达地区提供金融和货币服务，支持储蓄过程和资本积累，加强银行业的竞争。

在此基础上，德国储蓄银行专注于利用自身资源实现增长。为了实现这个目标，储蓄银行必须可持续地运营并确保长期的经济平衡，所产生的利润完全用于加强其股本和发展其所在地区。

规模效应的支持体系

在独特的治理结构基础上，德国储蓄银行支持体系的构造也非常值得研究和反思。截至2024年7月，德国共有349家储蓄银行，约11 000家网点，19万名员工。但这只是地方储蓄银行的情况，它们属于德国储蓄银行金融集团的一部分。整个德国储蓄银行金融集团共有520家公司或协会组织，15 000多家分支机构，27万多名本国员工。[1] 如果考虑到德国国土面积不足中国的4%，德国储蓄银行金融集团在德国分布可谓既广且深。[2]

---

[1] 除储蓄银行数量外，其他数据截至2022年末。如果加上国际员工，该集团共有28万余名员工。参考 https：//www.dsgv.de/content/dam/dsgv-de/englische-inhalte/financial-report-2022/Market_presence_2022.pdf。

[2] 可以作为比较的是，截至2023年末，中国包括六大行在内的A股上市23家银行共有约12万个网点/分支机构。

德国储蓄银行的支持体系包含纵深的银行结构和多样化的金融功能及服务。最重要的是，无论是纵深的银行结构还是多样化的金融服务，都是以本地化治理结构为基础的。

合作+"自下往上"持有的纵深银行结构

纵深的银行结构是指由储蓄银行、区域协会、州立银行、住房储蓄银行、德国储蓄银行协会构成的伞状银行组织。这个伞状的银行组织主要包含三个层级，层级之间不是管理性质，而是以合作性质为主。第三层是300多家地方储蓄银行，它们是本地化治理的基层机构（见图12.2）。

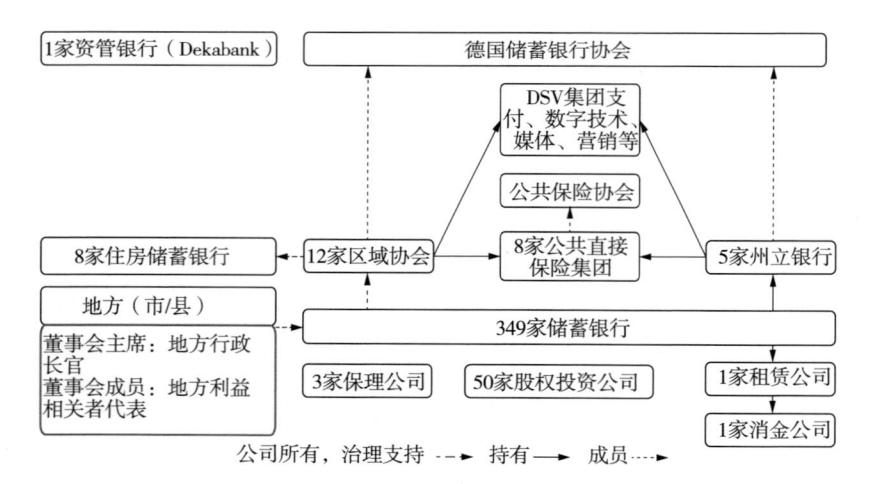

图 12.2　德国储蓄银行金融集团内部机构的主要关系

资料来源：CAFI根据德国储蓄银行金融集团内部机构官方网站公开信息整理，[1] 图中仅为主要金融机构。

---

[1] 参考 https：//www.dsgv.de/content/dam/dsgv-de/sparkassen-finanzgruppe/downloads/finanzbericht/fb-2022/SFG_in_Zahlen_2022.pdf。

第三层和第二层的关系是，300多家地方储蓄银行分别是12家区域协会的成员，同时"从下往上"持有5家州立银行；12家区域协会还治理着8家公法性质的住房储蓄银行。区域协会、州立银行和住房储蓄银行共同构成第二层。作为合作与协调平台，区域协会负责治理、战略规划，代表储蓄银行在区域层面的集体利益。州立银行则担任区域内储蓄银行的中央银行，提供清算、结算和批发银行、资本市场等服务。8家住房储蓄银行是由州特许经营的公法机构，提供储蓄计划助力客户获得未来购房、建房、翻新房屋等住房相关贷款的能力。此外，住房储蓄银行还和区域储蓄银行协会一起持有7家房地产公司的股权，提供帮助客户为他们的储蓄和贷款合同找到合适的房产、管理通过储蓄计划获得的房产等服务。德国共有16个州，所以区域协会、州立银行和住房储蓄银行所对应的区域都不是单个州。

第二层和第一层的关系是，12家区域协会和5家州立银行都是德国储蓄银行协会的成员。德国储蓄银行协会则负责整个体系的战略决策，在国家和国际层面代表储蓄银行的集体利益。

通过合作关系和"自下往上"持有的结构，这三个层级的储蓄银行体系不仅为地方银行提供了较为全面的银行功能，能够通过批发银行、资本市场等业务获得与大银行分支网点类似的市场地位，也保证了市县层面本地化治理的结构。

多样化的金融功能和服务

多样化的金融功能和服务既帮助德国储蓄银行为客户提供更

为全面的发展支持，也进一步提升了渠道的成本效率。与此同时，这些多样化的专营金融机构都是由储蓄银行、区域协会和州立银行全部或部分持有或治理的。这意味着，地方（市县）层面的公共利益取向可以直接或间接地在整个集团体系中发挥作用。

一是公共保险。德国的保险业与银行业类似，也是由公法机构、私法机构和合作机构三支柱构成。而公共保险体系实际上被包含在储蓄银行金融集团当中，也具有两层伞状结构。8家公共直接保险集团由储蓄银行、区域协会和州立银行发起和持有，往上一层则是公共保险协会的成员。公共保险协会的网站显示，德国公共保险体系共有 3000 余个专营网点，加上储蓄银行的 11 000 多个网点，它们可以在 14 000 余个网点为客户提供服务。德国公共保险业的服务渗透程度之深，是我国普惠保险发展的一个重要参考。

二是股权投资。企业发展并不总是需要贷款，尤其在企业生命周期中的初始阶段，股权投资扮演着非常重要的角色——在提供资本的同时，也可以为初创企业提供市场洞见和管理辅导。目前德国储蓄银行金融集团中有 50 家股权投资公司，由一些储蓄银行部分持有。

三是证券业务。德国储蓄银行协会与 Deka 收购公司共同全资持有一家资管银行 DekaBank，为集团内机构和客户提供资产管理和资本市场解决方案。该机构是欧洲系统重要性机构，由欧洲央行直接监管。

四是租赁、消费金融和保理三类细分融资服务。其中，德意志租赁公司由有相关业务的储蓄银行持有，消费金融公司由柏林兰德斯银行和德意志租赁公司持有，3家保理公司由德累斯顿东萨克和莱比锡储蓄银行股东持有。

五是包括数字服务在内的综合服务。由德国储蓄银行出版社[①]发展成长起来的DSV集团在2022年对业务进行了重新整合，目前其业务划分为支付、交流、管理和公共关系四大板块。其中，管理板块中包含为整个金融集团提供数字解决方案的储蓄银行金融集团管理服务有限公司（S-Management Services GmbH），其服务包括数据库、分析平台、分析工具、软件和云服务、IT解决方案等，同时还支持公共部门的数字化。区域协会和州立银行分别持有DSV集团约3/4和1/4的股权。

从以上简要的介绍中可以看到，源自近两个半世纪前的德国储蓄银行可谓坚持基层治理的典范。通过纵深的银行结构和多样化的金融功能和服务，德国储蓄银行可以实现相当完整的金融功能，拥有可观的市场地位，这一切都大大提升了地区小银行的规模效应。

---

① 早期主要承担金融票证印刷和储蓄银行期刊出版的职责。

第十三章　乡村金融的发展可以完全依靠利润最大化的机构吗

本章关注的是乡村金融与追求利润最大化的机构之间的关系，这引发了我们对"自由市场等于追求利润最大化"的传统观念的反思。然而，我们必须认识到的是，如今，追求利润最大化的机构并不能完全代表自由市场中的所有金融力量。

自由市场中的"双重目标"

什么叫自由市场？在自由市场中，商品和服务的价格由买卖双方自愿交换决定，政府对干预或监管进行限制，只确保交易是自愿和合法的。在自由市场中，个人和企业可以自由做出自己的经济决策，包括生产什么、如何生产以及为谁生产。

所以，自由市场的机制里并没有镌刻"利润最大化"的印记，只是从前主流经济学认为利润最大化就是市场主体的意愿。不可否认，利润最大化确实是自由市场中企业的常见目标，但其他动机和目标也发挥着重要作用。例如，一家百年老店的继承人不会轻易放弃这个老店，即使这家企业现在可能已经不怎么赚钱，对继承人而言也有家族传承的精神价值。

我们需要认识到，自由市场中的一些经营主体会将社会或环境目标与利润最大化并列，甚至置于利润最大化之上，这是他们存在的使命或者意义。他们的社会或环境目标可能包括促进农业发展、改善乡村教育和医疗条件、开发污水处理的新技术和新产品等。也就是说，自由市场中的商业决策也可能被利润最大化之外的价值观和目标影响。

这在当今由时髦的新词代表，包括社会责任投资、可持续金融、ESG、影响力投资、社会企业等。这些新的领域和前沿的倡导让越来越多的政府、金融机构、企业和个人接触到看待经济与发展的新视角和新框架，给当前的自由市场增添了前所未有的色彩。企业、金融机构、社会组织都可能是双重目标的，既要实现社会使命，也要商业可持续。如果持续偏离使命，组织也就偏离了利益相关者的意愿，存在的合理性逐渐丧失，会在自由市场中消散或者只能彻底改弦更张（换一个使命）。

落实到乡村发展的议题中，我们会发现，单是"乡村金融"这个名字，就蕴含着双重目标的意味。尤其是当前我们在乡村振兴的大背景下来谈乡村金融，不就意味着乡村金融有着乡村振兴的使命吗？如果都由单纯追求利润最大化的机构来做乡村金融，那将乡村振兴的使命放在哪里呢？如果没有乡村振兴的使命，乡村金融是否只是在假装很忙的样子？抑或造成金融资源"抽水机"的效应？

超越利润最大化的乡村金融渊源：双重目标农业金融

实际上，双重目标金融并不是近些年才从树上掉下来的"苹果"。只是过去这个概念还没有像如今这般彰显出独特的价值，以及在乡村金融中的必要性。虽然与"双重目标"相关的ESG、社会责任投资等概念也是在最近几年才成为国际热点的，但如果我们回溯国际上乡村金融的发展历程和形态，会发现双重目标金融在乡村发展中非常有历史渊源，在强盛农业、美丽乡村发展中起到了至关重要的作用。并且，当整个双重目标的体系发展成熟起来之后，一些特殊的政策可以逐渐淡出，因为完整的双重目标金融生态也是可以参与自由市场竞争的。

为了考察双重目标金融在乡村的渊源，我们首先需要参考农业强国的农业金融发展过程。这是因为农业是乡村最早的产业，有更长的发展历程。即使我们现在已经成为农业实力较强的国家，也曾经历过波折，通过长时间的摸索才逐渐走出了一条适合农业发展的金融之路，实现了农业生产的高效率和可持续发展。了解它们的农业金融发展路径，可以为我们提供宝贵的启示。

我们根据农林渔业从业者的人均产业增加值和农产品出口额，选取了美国和荷兰作为农业强国的典型。农林渔业从业者的人均产业增加值和农产品出口额是衡量一个国家农业强大程度的重要指标。前者反映了每位从业者在农业生产中创造的经济价值，随着人均产值的增加，农业部门的整体生产效率和经济贡献也随之提升。后者则反映了一个国家的农产品的质量和价格在国际市场上的竞争力和地位。

除此之外，我们还综合经济和人口总量较大、人类发展指数排名靠前、城乡收入比较小的标准，选取了农业发展尚且不错的德国和日本作为参考。如表 13.1 所示，美、荷、德、日四国在农业和乡村发展条件中各具所长。

- 美国人均耕地面积为 0.48 公顷，远高于所选其他国家，同时也有较高的农林渔业从业者人均产业增加值。由于其经济总量、国土面积、所跨经纬度与中国最为接近，又是世界上最大的农产品出口国，因此是非常值得关注的分析对象。
- 日本乡村金融是中国学者津津乐道的话题。日本与中国同属东亚文化圈，人均耕地极为有限，但农民颇为富庶。同时日本的城乡收入差距较小，乡村建设受人称道，最早进入老龄化社会，也不失为研究经验与教训的好对象。
- 荷兰的国土面积不足中国的百分之一，2021 年人均耕地面积约为中国的 3/4，但其农业在最近几十年来实现了突飞猛进的发展，2022 年的农林渔业从业者人均产业增加值在图表所选国家中最高，并且是全球第二大农产品出口国，因此可以作为耕地受限情况下乡村和农业发展的典型。

表 13.1 样本国家发展指标比较

国家	2023年GDP（万亿美元）2015年不变价	2023年总人口（亿）	2022年人类发展指数排名	2023年农林渔业从业者人均产业增加值	2021年人均耕地面积（公顷）	2023年农业从业人口占总就业人口比例（%）	2023年乡村人口占总人口比例（%）
中国	17.18	14.11	75	7713.73	0.08	22	35
美国	22.06	3.35	20	69 964.71	0.48	2	17
日本	4.61	1.25	24	22 596.12	0.03	3	8
荷兰	0.92	0.18	10	80 400.41	0.06	2	7
德国	3.69	0.83	7	57 378.26	0.14	1	22

注：美国农林渔业从业者人均产业增加值为 2024 年 6 月从世界银行网站获取的 2021 年数据，日本农林渔业从业者人均产业增加值为 2025 年 3 月从世界银行网站获取的 2022 年数据，目前无更新数据。

资料来源：人类发展指数数据来自联合国开发计划署（UNDP），其他指标无特殊说明均来自世界银行截至 2025 年 3 月可得数据。

- 德国的农业和乡村金融向来受到学者的关注，以美国为代表的许多国家乡村金融的发展都有学习德国的渊源。从表13.1中可以发现，虽然德国农业从业人口占比已经非常低，但在乡村居住的人口占比却是与中国目前最为接近的。与此同时，德国的人类发展指数排名位列所选各国之首，这意味着德国在人类发展指数所涉及的健康长寿的生命、获得知识的机会及体面的生活水平三个方面在所选各国中整体状况是最好的。在中国大量小农户依靠在县城、乡镇非农渠道获取主要收入且医疗和教育条件城乡差距较大的背景下，德国的经验或许可以为我们带来启示。

下面我们梳理了美、日、荷、德四国的情况，从中可以看到，以合作金融为代表的双重目标金融都是支持农业发展的主力军。

美国

具有合作金融性质的农场信贷系统是美国农业金融服务的主要供应商。与此同时，截至2023年末，美国还有1442家专注于农业贷款的商业银行，被称为"农场银行"（Farm Banks）[①]，也

[①] 美国银行家协会（American Bankers Association）将农场银行定义为国内农场贷款占国内总贷款的比例大于或等于行业平均水平的银行，2023年这一比例为14.32%。2012年之前的研究不包括资产超过10亿美元的银行，也不包括储蓄和贷款协会，2012年起开始包括这两类机构。参考 https://www.aba.com/-/media/documents/reference-and-guides/2023-farm-bank-performance-report.pdf?rev=1fecb67dd9964c96aa9bc95b8bcec9c9。

具有一定的双重目标性质。

美国农场信贷系统创始自 1916 年，是美国第一家政府支持企业（Government-Sponsored Enterprise，简写为 GSE），即为促进信贷流向美国经济特定部门而建立的准政府实体。虽然该组织是一家准政府实体，但其基层组织实际是由客户共同拥有。客户同时也是股东决定了美国农场信贷系统的决策会倾向于帮助客户实现其发展目标，而不仅仅是获得利润，具有明显的双重目标特征（见图 13.1）。

2023 年末 3982 亿美元贷款余额

农场信贷协会 ← 提供贷款 → 农民、牧场主、农民合作社、其他农业综合企业、乡村公用事业等
所有权享受分红

批发资金 ↑

农场信贷系统银行
发行债券和贴现票据 → 资本市场

农场信贷融资公司 销售

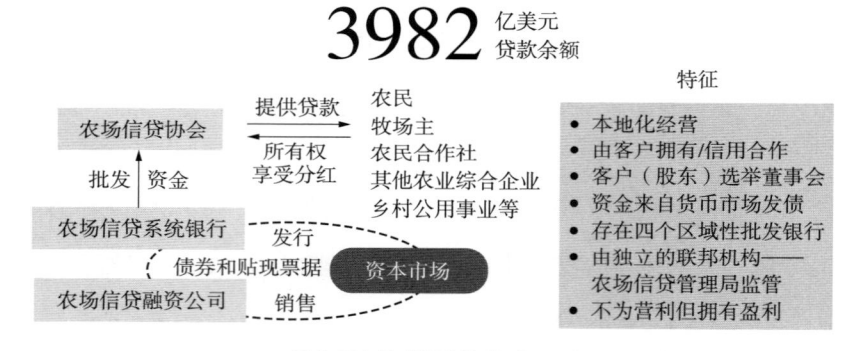

联邦农业抵押贷款公司
● 股东所有的联邦特许公司，纽交所股票代码为"AGM"
● 为农业贷款机构、农业企业等提供信贷二级市场

特征
- 本地化经营
- 由客户拥有/信用合作
- 客户（股东）选举董事会
- 资金来自货币市场发债
- 存在四个区域性批发银行
- 由独立的联邦机构——农场信贷管理局监管
- 不为营利但拥有盈利

图 13.1　美国农场信贷系统及其相关组织
资料来源：美国农场信贷系统官网（farmcredit.com）。

目前该系统的运作机制①如下：67 家农场信贷协会直接接触本地的农业经营者，为农民、牧场主、农民合作社、其他农业综合企业及乡村公用事业等提供贷款。贷款客户同时也是其会员和

---

① 美国农场信贷系统的资金来源详见第九章。

股东，拥有选举董事会的权利。农场信贷协会收回贷款后，首先提取偿债资金，然后留存运营经费，最后向股东（也是客户）提供分红。4家农场信贷系统银行和1家农场信贷融资公司则主要为农场信贷系统从资产市场融资。在监管层面，农场信贷系统由独立的联邦机构农场信贷管理局监管，该监管机构不由联邦政府拨款，而是通过系统内机构支付的评估费来获取运营资金。

除农场信贷系统外，美国支持农业发展的主要金融服务供应方还包括，商业银行提供了超过1/3的农场贷款[①]；农业部农业服务机构（Farm Service Agency）帮助农业经营者在难以从其他渠道获得融资时获得农场所有权贷款、经营贷款等；农业部风险管理局、联邦作物保险公司以及经批准的保险提供商通过公私合作的形式提供农业保险；农业综合企业为购买种子、化肥或设备等投入品提供贷款或信贷安排；联邦农业抵押贷款公司（Farmer Mac）为农业信贷提供二级市场。

农场信贷管理局2023年度报告[②]显示，截至2022年12月31日，美国农业部估计，美国农业债务总额为4960亿美元，农场信贷系统所占市场份额从2021年底的45.3%上升到2022年底的45.9%（见图13.2）。这意味着，美国农业债务总额中占比最大的供应方是双重目标金融组织。

[①] 参考《2023年农场银行绩效报告》：https：//www.aba.com/news-research/analysis-guides/2023-farm-bank-performance-report。

[②] 参考https：//www.fca.gov/template-fca/about/2023AnnualReport.pdf。

农业部农业服务机构, 3.1%　　联邦农业抵押贷款公司, 2.0%
人寿保险公司, 4.6%
个人和其他, 9.2%

农场信贷系统, 45.9%

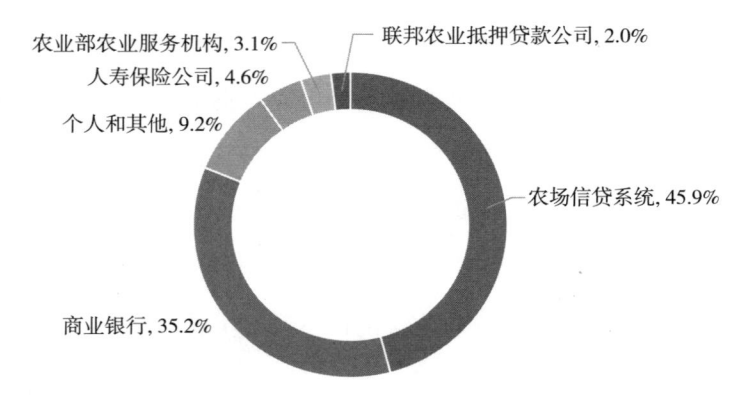

商业银行, 35.2%

图 13.2　美国农业债务市场份额分布（截至 2022 年 12 月 31 日）

与此同时，前面提到的 1442 家农场银行在美国的分布非常广泛——拥有 7253 个网点和超过 75 000 名员工，但资产规模较小，2023 年末资产规模中位数为 1.9 亿美元，只有 86 家是超过 10 亿美元的。这 1442 家农场银行提供了 1100 亿美元农场贷款，占美国银行业 4560 余家银行[①]总农场贷款 1990 亿美元的 55.3%。

日本

日本农业金融领域的主要供应商同样是双重目标金融机构。如图 13.3 所示，2019 年，具有双重目标性质的合作金融机构和政策性金融机构共占日本农业信贷市场份额的 80%。[②] 截至 2023 年末的数据显示，日本合作金融机构和政策性金融机构分别有农业贷款余

---

① 截至 2024 年一季度，美国共有银行 4560 余家，其中 4411 家为社区银行。
② 参考日本农林中金综合研究所主任研究员王雷轩在 2022 年"日本乡村金融对助力乡村振兴主题的启示与思考"讨论会上的报告。

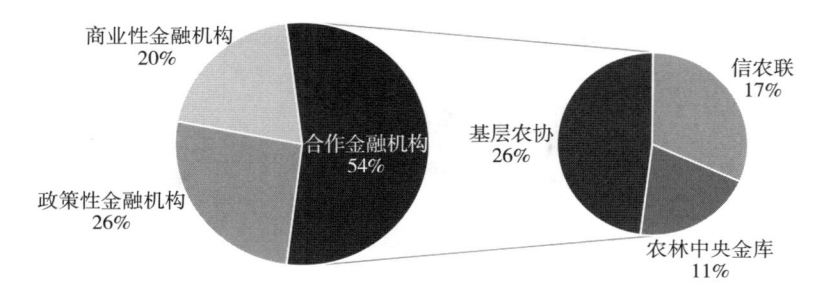

额2.7万亿日元和3.7万亿日元,① 农业贷款市场结构有所变化。

图 13.3　日本农业信贷市场份额分布（2019）

日本合作金融机构根植于农业合作组织中。日本的农业合作社组织始自1947年日本政府颁布《农业协同组合法》②并鼓励广大农民自愿投资组建基层农业协同组织（Japan Agricultural Cooperatives，简称"基层农协"）。过去数十年来，随着日本经济的发展和农业生产水平的提升，农协系统形成了与日本行政结构相同的中央—都道府县—市町村三级组织框架③，市町村层面的基层农协则呈现出了总数量急剧减少、单个规模不断扩大、农民会员比例持续降低的趋势，基层农协数量从1950年的13 300家④下

---

① 参考2023年日本农林中央金库价值报告和日本政策金融公库年报。其中，日本政策金融公库2023年年报显示的是2022财年的数据。
② 参考 https：//elaws.e-gov.go.jp/document?lawid=322AC0000000132。
③ 刘振伟. 日本涉农法律制度及政策调整 [J]. 中国农村经济，2018（08）.
④ 刘松涛，梁颖欣，罗炜琳. 日本综合农协的发展变迁、经验教训及对中国农民合作社的镜鉴 [J]. 世界农业，2022（02）.

降到 2023 年一季度末的 538 家[1]。

支持日本农业的合作金融（信贷和保险）正是以事业部的形式内嵌于农协系统当中，也具有与农协系统相对应的三级组织架构。其中，提供存贷汇等主要金融服务的事业部为农林中央金库—都道府县信农联—基层农协。2023 年，在日本合作金融机构提供的 2.7 万亿日元农业贷款中，农林中央金库占比 22.2%，信农联占比 33.3%，基层农协占比 44.4%。提供保险服务的事业部为中央全共连—都道府县共济连—基层农协，主要为农户提供互助保险服务。

日本政策金融公库（Japan Finance Corporation，简写为 JFC）成立于 2008 年，由中小企业金融公司和农业金融公司两家政府金融机构合并而成，后来还进一步划分出微型企业与个人部门，通过瞄准市场中相对弱势的群体和需要特别关注的农业产业，为日本的经济发展提供贷款、担保和咨询服务等政策性金融支持。在农业领域，日本政策金融公库的服务主要包括农业专业融资、补贴和担保、研发支持、自然灾害恢复援助、农业可持续发展和区域资源平衡。可以看到，日本政策金融公库在推动农业部门现代化、可持续发展方面发挥着关键作用。

日本政策金融公库 2023 年的年报显示，其农业部门[2]最近两

---

[1] 参考日本农协 2023 年价值报告：https://www.nochubank.or.jp/en/ir/valuereport/pdf/vr_23.pdf。

[2] 参考 Agriculture, Forestry, Fisheries and Food Business Unit。

年都处于收支平衡状态，好于其他部门的小幅亏损的状态。从2022财年的农业贷款分布来看，超长期贷款占比达到47.8%，这是日本政策金融公库贷款组合的重要特征。根据农林牧渔业独特的业务特点（例如投资回收期长以及受天气等外部因素造成的收入不稳定）提供长期贷款，有助于确保稳定的粮食供应和农林牧渔业的可持续健康发展。

荷兰

荷兰的人均耕地面积是美国的1/8，但农林牧渔业从业者人均产值却与美国接近，这让人不得不感叹荷兰农业的高效率，并好奇是什么样的农业金融支持了这个产业的发展。

如图13.4所示，无论是从信贷还是保险来看，双重目标金融都在荷兰农业发展中发挥了主力作用。荷兰的绝大部分食品与农业贷款由荷兰合作银行（Rabobank）、荷兰银行（ABN AMRO Bank）和荷兰国际银行（ING）三家银行提供。其中，荷兰合作银行在荷兰食品与农业贷款领域的市场占有率超过八成[1]，并在该领域享有国际专业声誉。2023年末，荷兰合作银行在全球数十个国家持有1148亿欧元的食品与农业贷款资产。[2]

---

[1] 参考fi-compass（2020）. Financial needs in the agriculture and agri-food sectors in The Netherlands. https：//www.fi-compass.eu/sites/default/files/publications/financial_needs_agriculture_agrifood_sectors_Netherlands.pdf。

[2] 参考荷兰合作银行2023年报。

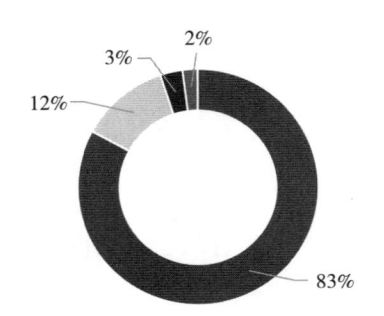

■ 荷兰合作银行　■ 荷兰银行　■ 荷兰国际银行　■ 其他

图 13.4　荷兰食品与农业贷款市场份额分布（2020）

特别值得关注的是，荷兰合作银行是一家合作银行，于 1972 年由 19 世纪末开始充当荷兰众多信用合作社区域性中央银行的两家银行 The Cooperative Association of Raiffeisen Banks 和 The Co-operative Central Boerenleenbank 合并而成。这也是其在中文中被翻译为"荷兰合作银行"的原因。虽然荷兰合作银行在证券交易所发行各种投资产品，但其并非上市公司，而是一直坚守其作为私营合作社的地位，包含 400 多家独立成员银行和荷兰合作银行名下的约 1800 家分支机构。荷兰合作银行的客户仍然和他们 19 世纪的先辈一样，可以选择成为一家本地荷兰合作银行的会员。其 2023 年报显示，超过 25%、共 230 万客户是会员，享有投票权，构成了该机构自下而上的决策机制。会员代表委员会不仅选举董事会，还在该银行的战略框架方面拥有最终投票权。也就是说，荷兰合作银行的经营是与其大量食品与农业领域客户的利益紧密相连的，具有双重目标金融的特质。

类似地，在荷兰农业保险领域，AgriVer、Interpolis[①]、Vereinigte Hagel、Onderlinge Waarborgmaatschappij 等主要供应商均具有合作或互助保险公司的治理结构。虽然合作保险公司的保单持有人（会员）对公司决策的参与度大于互助保险公司，但两类保险公司都是由保单持有者拥有并分得剩余红利的运作模式，经营的动机也就都包含以合理的费率向保单持有人提供农业生产经营所需的保险。因此，荷兰农业保险行业也具有很强的双重目标特征。

德国

与毗邻的荷兰相比，虽然德国金融机构数量明显更多、竞争更加激烈，但支持农业发展的贷款和保险供应商同样具有较为突出的双重目标特征。

德国农业贷款的主要供应商包括三类。如图 13.5 所示，从市场份额来看，合作银行（Genossenschaftsbanken）占比 50%，储蓄银行（Sparkassen）占比 23%，商业银行占比 11%。[②] 由于合作银行和储蓄银行都具有双重目标特征，因此目前德国超七成的

[①] Interpolis 是荷兰最大的保险集团之一 Achmea 的子公司。Interpolis 本质上不是合作社，但其母公司 Achmea 拥有合作社传统，并至今仍保留了合作结构。Achmea 的经营目标是为投保人的利益服务，而不是为股东实现利润最大化。

[②] 参考 fi-compass （2020）. Financial needs in the agriculture and agri-food sectors in Germany. https：//www.fi-compass.eu/sites/default/files/publications/financial_needs_agriculture_agrifood_sectors_Germany.pdf。

农业贷款是由双重目标金融机构提供的。

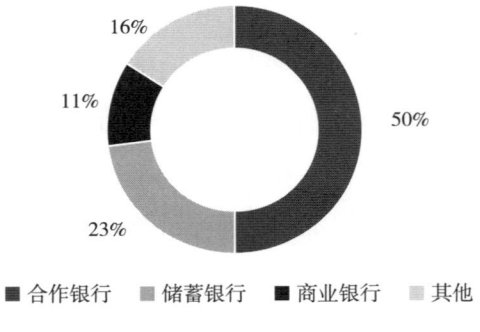

图 13.5　德国农业贷款市场份额分布（2020）

德国的合作金融体系也起源于 19 世纪，虽然不一定是最早出现的，[①] 却是对世界各国影响最为深远的，[②] 许多国家都曾前往德国取经。目前德国的合作金融体系包含 700 多家独立合作银行、7500 多个分支机构。[③] 在目前约 3000 万客户中，近六成、1800 万是会员，也是银行的股东，在银行运营中具有发言权。值得关注的是，德国中央合作银行（DZ Bank）充当这个合作银行网络的中央银行，同时由这些合作银行所拥有，在零售银行、企业银行、资本市场和交易银行方面支持合作银行，使它们能够为客户提供全方位的金融服务。此外，作为一家企业银行，德国中央合

[①] 关于合作金融组织最早在哪个国家出现，目前国际上仍存在争议。

[②] Bülbül, D., Schmidt, R. H., & Schüwer, U. (2013). *Savings banks and cooperative banks in Europe* (No. 5). SAFE white paper.

[③] 参考 DZ 银行官网：https://www.dzbank.com/content/dzbank/en/home/dz-bank/profile.html。

作银行还为需要跨区域银行业务的企业和机构提供服务，在资产规模上是德国第二大银行。

德国的储蓄银行与合作银行的差异主要体现在所有者结构、适用法律、机构目标等方面。不同于合作银行聚焦服务会员/股东利益，储蓄银行由地方市政当局或区域协会所有，专注于促进特定社区或地区的经济发展，服务于公共利益，受公法而非私法管辖。它们在各自的领域有着深厚的根基，并致力于满足当地个人、中小企业和公共部门实体的金融需求。虽然储蓄银行在财务上可持续，但其主要目标不是利润最大化，而是为社区提供负担得起且易于获得的金融服务，利润通常再投资于当地社区。目前德国储蓄银行体系包含510家公司、约11 000个分支机构。①

与此同时，在德国领先的农业保险供应商中，R+V保险公司（R+V Versicherung）② 和明斯特保险公司（LVM Versicherung）③ 都具有双重目标经营性质。

---

① 参考 https://www.sparkasse.de/ueber-uns.html。
② R+V代表该保险公司的创始组织：R是Raiffeisen的首字母缩写，即德国的雷费森银行（Raiffeisen Bank）；V是Volksbank（即人民银行）的首字母缩写。截至本书出版时，R+V保险公司作为Volksbanken Raiffeisenbanken（合作银行集团）的一部分，是一家合作保险公司。
③ LVM是Landwirtschaftlicher Versicherungsverein Münster的首字母缩写，即"明斯特农业保险协会"。LVM保险公司最初成立的目的是提供针对农民和农业部门需求的保险产品。截至本书出版时，它是一家合作保险公司，提供包括人寿、健康和财产保险在内的广泛的保险产品。

从双重目标农业金融到双重目标乡村金融

从农业（一个产业/部门）扩展到乡村（城市之外的地域范围）的发展，尤其还涉及基础设施建设、公共服务供给，资金的来源呈现出两大特征，一是更多的政府财政支持，形式可能包括政策性/开发性金融、投资基金、赠款、公私合作、直接贷款等；二是很可能由最初主要支持农业发展的金融机构业务扩张形成综合性乡村金融服务组织。从美、日、荷、德的情况来看，在支持乡村整体发展的金融服务供应商中，除来自政府的财政金融支持外，双重目标金融机构仍然扮演着重要角色。

世界上绝大多数国家的乡村都经历了从农业为主要产业到农业产值和农业就业人口占比逐渐变小的过程。[①] 相应地，支持乡村非农产业、基础设施和公共服务发展的金融服务也常常是由已经在乡村市场长期存在的农业金融供应商提供。这种情况在日本、荷兰和德国表现得尤为突出。例如，日本农协的会员包含经营农业的正式会员和生活在农协区域的非农户居民准会员两大

---

① 例如，截至 2019 年，美国乡村地区农业部门就业人口占比已经不足乡村地区总就业人口的 1/10。自 2001 年以来，美国乡村就业市场中，就业人口占比靠前的四个部门分别是政府、制造业、零售以及医疗与社会救助，这种情况近 20 年来一直没有发生改变。并且，经营中小农场的家庭经常需要仰仗非农工作来获取更多的收入。参考《美国乡村概览：2022 年版》：https：//www.ers.usda.gov/webdocs/publications/105155/eib-246.pdf?v=9953.8。

类,[①] 并且近年来准会员的比例不断上升,至 2021 年已在 1041 万会员中占比达到六成。[②] 不过,虽然准会员也可以享受农协的各项服务,但不具有表决权和选举权,因此在乡村发展方面的治理参与度不足。又如,具有深厚乡村底蕴的荷兰合作银行所代表的荷兰合作金融体系,自创立之初就接受乡村非农客户的存款并向他们提供来自农业经营成果的可观利息。通过在乡村地区的长期经营,荷兰合作银行积累了基础设施融资和项目管理方面的专业知识,其专业顾问为参与乡村基础设施计划的项目开发商和地方当局提供有关财务规划、风险管理和可持续基础设施实践的咨询。再如,德国储蓄银行在支持德国乡村创业方面发挥着重要作用。德国储蓄银行有 2/3 位于城市地区以外,[③] 虽然是公法机构,却有类似于合作银行的结构,通常由本地代表管理,包括企业家和社区领袖等。相应地,这样的机构对当地的经济和市场状况有着深入的了解,能够帮助他们做出更明智的创业贷款决策。

相较而言,美国的农场信贷系统更加专注于农业发展的支持,但同时也会提供乡村基础设施和住房抵押贷款融资。截至 2022 年末,美国农场信贷系统提供了 672 亿美元的乡村基础设

---

① 张建.日本农业结构改革中的农协问题分析 [J].华东师范大学学报(哲学社会科学版),2015,47(02).
② 王文倩.日本农协的 75 年兴衰,能给中国供销社提供哪些启示和教训 [OL].2022-11-08. https://finance.sina.cn/2022-11-08/detail-imqmmthc3751487.d.html.
③ 参考 https://www.finanznachrichten.de/nachrichten-2019-05/46702987-sparkassen-fordern-bessere-infrastruktur-auf-dem-land-015.htm。

施、住房和其他非农贷款，约占其总贷款余额的 18%，其余均为农业相关贷款。①

除此之外，支持美国乡村发展的主要供应商还包括社区银行（Community Banks）、信用社（Credit Unions）、地区和全国性银行、贷款基金和风险投资基金等。其中，部分银行、信用社、贷款基金和风险投资基金经过美国财政部下设的社区发展金融机构（CDFI）② 基金认证成为专注于社区发展的 CDFI，重点支持低收入社区建设可负担住房，帮助社区内家庭购买或租赁可负担的住房，支持社区居民创业，投资于当地的医疗设施、学校或社区中心等，具有突出的双重目标金融特征。

历史上，美国的社区银行在实现乡村社区的金融包容性中发挥着重要作用，但近年来，利润驱动的银行网点正在不断减少，使得对物理银行网点有更高依赖度的乡村社区面临金融排斥的威胁，而许多 CDFI 正是在应对这种挑战。美国联邦存款保险公司 2012 年的报告③显示，社区银行持有美国乡村和小县城的大部分银行存款，社区银行将网点设在非都市区的可能性是非社区银行的 3 倍。然而，由于乡村人口的不断减少，商业性质的银行网点

---

① 参考 https：//farmcredit.com/sites/default/files/2023-04/Farm%20Credit%20101%202023.pdf。
② 全称为"Community Development Financial Institution"。
③ 参考 https：//www.fdic.gov/resources/community-banking/report/2012/2012-cbi-study-full.pdf。

经营面临困难，行业持续呈现出归并整合的趋势。体现在数据上就是，过去10年美国有18 000个吸收存款的银行网点关停，[1] 社区银行数量在较小的市场（县域）下降幅度最大。[2] 2012—2017年，美国共有超过100个社区从设有至少一家银行总部到没有银行总部，其中绝大部分是乡村地区。[3] 于是，许多CDFI正在尝试填补这样的"金融沙漠"。[4]

如图13.6所示，截至2023年2月，全美共有1396家CDFI，[5] 机构数量占比最大的是贷款基金，共有569家；信用合作社紧随其后，为480家；银行或储蓄贷款机构、存款机构控股公司分别为184和147家；另有16家风险投资基金。CDFI基金2022财年报告[6]显示，CDFI中的银行或储蓄贷款机构与信用合作社的平均资产规模相当，分别为5.3亿美元和5.2亿美元；贷款

---

[1] 参考https：//www.fdic.gov/news/podcasts/transcripts/inclusion-podcast-ep4.pdf。

[2] 参考https：//www.bankingstrategist.com/community-banks-number-by-state-and-asset-size。

[3] 参考https：//www.federalreserve.gov/publications/november-2019-bank-branch-access-in-rural-communities.htm。

[4] 参考https：//www.cucollaborate.com/blogs/cfpb-rural-areas-are-becoming-banking-deserts。

[5] 参考https：//www.cdfifund.gov/sites/cdfi/files/2023-02/CDFI_Cert_List_2_13_2023_Final.xlsx。

[6] Community Development Financial Institutions Fund. Agency Financial Report Fiscal Year 2022 [OL]. Community Development Financial Institutions Fund；2022 Nov. Available from：https：//www.cdfifund.gov/sites/cdfi/files/2023-01/CDFI_Fund_FY22_AFR_FINAL508.pdf。

基金和风险投资基金的平均资产规模更小，分别为 6221 万美元和 2207 万美元。① 所以，从总量来看，美国 CDFI 中信用合作社的资产规模是最大的，总资产占比达到六成。

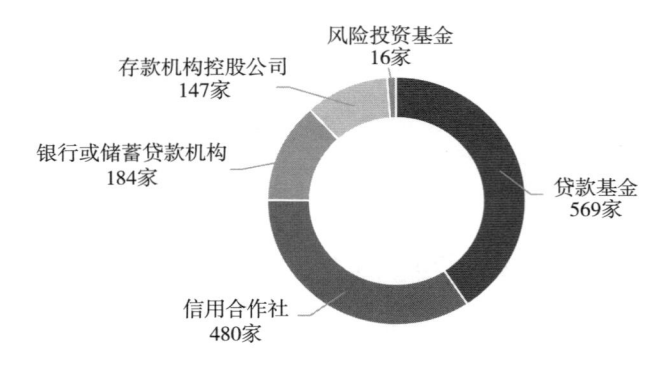

图 13.6　CDFI 的构成（2023 年 2 月）

资料来源：CDFI 基金 2022 财年报告。

在面临金融排斥威胁的乡村地区，以信用合作社为代表的具有账户、存款功能的 CDFI 具有特殊价值。因为这些机构即使不属于银行，其所积累的信息也通常可以连通到银行体系，这就为客户未来使用其他金融机构的服务打下了基础。

双重目标金融出现的契机：利润驱动为主的金融难以满足乡村发展需求

从上述各国的经验来看，双重目标金融之所以会在农业或乡

---

① 为避免重复计算，CDFI 基金未列出存款机构控股公司数据。

村整体发展过程中出现，往往都是因为利润驱动为主的金融难以满足发展需求。

例如，在19世纪欧洲合作金融出现之前，银行等传统金融机构往往不愿意向乡村人口，特别是向农民和乡村小企业提供信贷。银行通常认为农业是一个不稳定的部门，收入来源难以预测，农作物产量也取决于天气。银行通常要求为贷款提供抵押品或担保，例如土地或财产。然而，许多农民，特别是小农，没有大量资产来满足银行的抵押要求。由于没有足够的抵押品，农民很难从银行获得贷款来投资农业经营、购买新设备或扩大业务。此外，传统银行主要集中在商业活动和工业集中的城市地区。包括农民在内的乡村社区往往位于偏远地区，这使得银行在这些地区建立分支机构并提供个性化金融服务在后勤上面临挑战。农民获得银行服务的机会有限，使他们难以满足金融需求并获得农业贷款。这些挑战导致德国和荷兰等欧洲国家建立了信用合作社。这些合作社提供了专门针对农民和乡村社区需求的替代信贷和金融支持来源。通过集中资源和集体努力，这些合作社内的农民可以从其他成员那里获得贷款和金融服务，从而规避传统银行设置的障碍。

美国农场信贷系统的出现也受到了欧洲合作金融的直接影响。1862年《宅地法》出台以后，美国西部可用的大部分免费土地都被征用了，农民需要长期信贷才能购买土地。虽然当时商业和工业企业很容易获得商业信贷，但农业贷款却是很难获得的，并且期限短、利率高。随着土地价值的上涨，对长期固定利率信贷的需求变得更加迫切。[①] 20世纪初，美国乡村生活委员会和国会委员会对美国乡村家庭（当时占美国家庭半数以上）所面临的问题进行了调研，政府还派专人赴欧洲研究合作土地抵押银行、乡村信用合作社和其他促进农业和乡村发展的机构。1916年，国会出台了《联邦农场信贷法案》。该版本的信贷法案在美国12个地区各创建了一个联邦土地银行，以及数百个国家农业贷款协会作为联邦土地银行的代理。联邦土地银行通过这些代理协会向农民提供长期信贷以发展和扩大农场。与此同时，每个农民贷款的一部分用于购买该协会的股票成为所有者。联邦土地银行即美国农场信贷系统的第一个组成部分。

又如，美国CDFI的出现是为了应对低收入社区（包括乡村地区）及其居民所面临的投资撤资和金融排斥。CDFI认识到，获得负担得起的信贷、资本和金融服务对于个人、小企业和社区的蓬勃发展至关重要，这是它们发展的权利。于是CDFI积极寻求通过提供针对服务不足社区的具体需求的金融产品、服务和技术援助来填补这一空白。与此同时，CDFI的出现也是更广泛的社区发展和振兴运动的一部分，它们重点解决低收入社区面临的经济挑战，包括促进小企业发展、创造就业机会、支持经济适用房项目以及其他有助于提升服务不足人群福祉的举措。

[①] 参考美国农场信贷管理局官网：https://www.fca.gov/about/history-of-fca。

如何推动双重目标金融在乡村的良性生长？

创建一个双重目标的金融机构相对容易，因为可以放开想象去设计业务模型和策略。然而，让这样的机构持续经营却面临着诸多挑战。首先，经济和社会目标之间可能存在冲突，需要精心平衡和调整。例如，追求高社会影响可能会影响盈利能力，而过分追求盈利又可能牺牲社会责任。其次，双重目标需要机构在运营和管理层面拥有足够的专业知识和资源，以有效地执行其战略，这意味着需要适应性强的组织文化和高度专注于可持续发展的管理方法。最后，市场和政策环境的变化也可能对双重目标金融机构的长期稳定性构成挑战，例如金融监管政策的变化或市场需求的波动。因此，确保双重目标金融机构能够持续经营，需要不断地创新、灵活的战略调整以及坚定的组织承诺，以应对各种内外部挑战。

从美国、日本、荷兰和德国等国家的经验来看，双重目标金融机构能够持续发展的原因显著体现在多个方面。第一，这些国家通过强调城乡福祉平等的政策目标，鼓励金融机构不仅追求经济利润，而且承担社会责任，例如支持乡村地区的小微企业和个体经营者。第二，政府在法律和政策层面提供支持和激励，如设立专门的监管框架和税收优惠，促进双重目标金融机构的发展。第三，这些国家的金融机构通常具备合适的治理结构，能够有效执行可持续发展战略，并确保资金的有效利用和社会效益的最大化。第四，形成了"上天下地"的完整体系——上能连通资本市场、大金融机构，小机构能够通过同业网络实现更完整的金融功能性和安全性，下能有效触达主要客群的完整体系。第五，这些国家的双重目标金融机构在发展模式上坚持"金融+赋能"的理念，通过技术创新和金融产品的多样化，为社区提供更广泛、更深入的服务，促进经济和社会的可持续发展。

城乡福祉平等的政策目标

政府坚持一贯的城乡居民福祉平等的政策目标实际上充当了指路牌，可以让相关的金融政策和活动得到持续的引导、支持和有效的监督。

- 美国政府实施了旨在解决城乡地区之间差距的一系列联邦计划和倡议。这些计划包括基础设施发展、教育和医疗保健、创造就业机会和社区振兴工作。美国农业部专门设有乡村发展和乡村住房服务等机构，专注于促进乡村地区的经济增长和基础设施发展。这些机构提供资金、贷款和赠款来支持乡村社区和企业发展。
- 日本政府实施了旨在平衡城乡发展的区域振兴政策。这些政策的重点是放权，鼓励地方创业，鼓励企业向乡村地区转移，改善乡村地区的基础设施和公共服务。与此同时，日本政府通过针对企业、农业合作社和地方政府的定向资助计划和激励措施对乡村进行投资，旨在刺激经济活动、创造就业机会并提高乡村社区的生活质量。

- 荷兰政府设立了区域发展基金，旨在促进城乡均衡发展。这些资金为加强城市和乡村地区基础设施、创新、可持续性和经济多元化的项目提供财政支持。不仅如此，荷兰政府还通过专门的计划鼓励乡村创新和创业。这些举措支持乡村地区的知识交流、技术采用和商业发展，有助于创造就业机会和可持续经济增长。

- 德国《基本法》明确提出，要创建城乡平等的生活条件。[①] 为此，德国政府实施区域政策并利用结构性基金支持城市和乡村地区。这些基金旨在通过促进各地区基础设施、商业发展、教育和创造就业机会的投资来缩小地区差距。此外，德国制定了具体的乡村发展计划，旨在加强乡村经济并提高乡村地区的生活质量。这些计划为乡村企业、农业和社区项目提供财政支持、技术援助和能力建设措施。

立法支持

美、日、荷、德都为双重目标金融的发展出台了专门的法律框架。这些法律依据为双重目标金融机构的设立、运营、治理和

---

① 例如，德国《基本法》第 72 条（联邦与州的职权分配）提到了"在整个联邦领土内建立平等的生活条件"。参考 https：//www.gesetze-im-internet.de/englisch_gg/。

监督提供了坚实的基础。

- 在美国，合作金融受到《联邦信用合作社法》和《联邦农场信贷法案》建立的法律框架的支持。这些法律分别为信用合作社和农业合作社提供了具体的规定。它们概述了合作金融机构的组建、成员资格、资本、贷款活动、治理和监督的要求，确保了美国合作金融的稳定性、健全性和问责制。此外，1994 年《社区发展银行和金融机构法案》为美国 CDFI 建立了法律框架。它将 CDFI 定义为致力于为服务不足的社区提供信贷和金融服务的专门金融机构，为 CDFI 进行联邦资助提供了授权，并在美国财政部内设立 CDFI 基金。

- 在日本，《农业协同组合法》和《农林中央金库法》等法律为合作金融提供了法律依据。其中，《农业协同组合法》规定了日本农业合作社（Japan Agricultural Cooperatives，简称 JA）组织的法律框架。JA 不仅负责农业生产资料的采购、产品的销售，还提供农业金融服务，包括为农民提供存款、贷款、保险等服务。

- 在荷兰，合作社融资的法律基础直接体现在《荷兰民法典》①中的相关规定。该法典第 2 卷对合作社的设立、治

---

① 即 Burgerlijk Wetboek，Dutch Civil Code。

理、权利和义务进行了详细规定，确保了合作金融机构在合法框架内运作。
- 在德国，《合作社法》和《储蓄银行法》分别构成了合作金融和储蓄银行的法律基础，规定了相应金融服务供应商的设立、结构、治理和运营，概述了主要成员的权利和义务，规定了资本要求，并提供了决策过程的规则。

政策激励

政府为双重目标金融机构的发展提供包括税收优惠、资金奖励、融资安排、技术援助等在内的政策激励。

我们可以将这些政策激励划分为两类，一类是基于机构类别，例如是否是合作金融机构；另一类是基于机构行为，例如是否服务欠发达社区及相关的参与程度指标。这些激励有利于引导更多金融和社会资源关注和支持发展目标，并帮助双重目标金融机构获得能力提升。

合作金融机构通常由于规模较小而面临风险集中度高、资金来源有限以及治理和管理能力不足等挑战，历史上各国政府或多或少都对这类机构进行了政策激励。当合作金融机构的体系发展得较为成熟完善的时候，① 政策激励则趋于减少或撤除。例如，

---

① 例如，拥有类似中央银行的支持机构，后台、互联网技术等专业服务组织，专门的审计机构，多样化的融资渠道等。

美国信用合作社至今仍然免交联邦收入税,而如今的德国合作银行相较银行体系中的其他主体,没有任何法律上或政策福利上的显著优势。①

相较基于机构类别进行政策激励,基于机构行为的政策激励则需要进行具体的认证识别。美国 CDFI 基金的运作模式可以视为基于机构行为对双重目标金融进行政策激励的典型。其中尤其值得关注的是 CDFI 基金对于 CDFI 的认证方式,以及各类激励的评选条件。

专栏 13.1　美国社区发展金融机构基金(CDFI Fund)

基于机构行为提供双重目标金融政策激励的认证方式

根据 CDFI 基金官网,② 申请 CDFI 认证的机构必须满足如下条件:

- 在申请认证时是法人实体并提供融资服务;
- 以推动社区发展为首要使命;
- 在提供融资服务的同时提供发展服务;

---

① 参考国际清算银行报告《合作金融的监管》:https://www.bis.org/fsi/publ/insights15.pdf。
② 参考 Community Development Financial Institutions Fund. "CDFI Certification." Accessed March 9, 2023. https://www.cdfifund.gov/programs-training/certification/cdfi。

- 具有明确的一个或多个目标市场；

- 维持对其目标市场的可靠性；

- 为非政府实体，不受任何政府实体的控制（部落政府除外）。

从上述认证条件可以看出，虽然 CDFI 由美国财政部下属的机构认证，但 CDFI 必须是独立的实体，并且有明确的目标市场（地区）。认证条件中没有提到 CDFI 为营利或非营利的性质，但明确指出了要"以推动社区发展为首要使命""在提供融资服务的同时提供发展服务"。也就是说，CDFI 一方面是可持续运营的实体，另一方面要推动社区发展，必须具有明显的"双重目标"特征。

目前 CDFI 基金正在更新申请细则，但从其官网展示的 2019 年 2 月发布的指引[①]来看，CDFI 基金对上述申请条件做了较为详细的解释。

例如，在"首要使命"的判别中，"CDFI 基金会考虑申请机构的经营活动是否是在有目的地改善服务不足人群或经济困难社区居民的社会或经济条件""一个机构将社区发展作为首要使命的依据包括，其成立文件或董事会批准的叙述性陈述（使命陈述

---

① 参考 https：//www.cdfifund.gov/sites/cdfi/files/documents/cdfi-cert-app-supplemental-guidance-and-tips-12_2018_508c-final.pdf。

或决议）明确表明其使命是有目的地改善以下方面的社会和/或经济需求：低收入个人、缺乏充分获得资本和/或金融服务机会的个人、陷入困境的社区和其他服务不足的市场"。

又如，关于"目标市场"的要求，一家CDFI"必须将至少60%的所有金融产品活动定向到一个或多个符合条件的目标市场（目标投资区域或目标人群）。受监管机构必须将至少60%的存款/股票和60%的会员（仅限信用合作社）定向到一个或多个符合条件的目标市场"。"目标投资区域"需要满足的经济条件包括：贫困率高于20%；家庭收入中位数低于标准的80%；失业率是国家平均数值的1.5倍。"目标人群"包含两类，一类是"低收入人群"，另一类是部分少数族裔。其中，"低收入人群"的标准是，在大都会地区，家庭收入低于中位数80%的群体；在非大都会地区，家庭收入低于"地区中位数80%"和"全国非大都会地区中位数80%"中的高值。

再如，一家CDFI必须提供的"发展服务"需要满足的要求包括：必须与机构提供的金融产品一起提供；必须与机构提供的金融产品明确挂钩（例如，为首付援助贷款申请人提供首次购房者咨询）；必须通过其自己的员工、附属机构或与其他提供商签订的合同来指导其发展服务的提供。相应地，"简单地将其客户或潜在客户推荐给非附属提供商是不可接受的"。

在此基础上，CDFI基金向CDFI及相关市场主体提供各种可供申请的奖励项目。如表 13.2 所示，目前的 10 类 CDFI 奖励项目[①]涵盖了资金奖励、技术援助、融资担保、投资者税收抵免等多种类型的支持。对于每一种奖励项目，CDFI 基金都设置了较为详细的评选条件，并对奖励的使用也做出了明确规定，尤其重视发挥奖励资金的引导和放大作用。

例如，"银行企业奖励项目"要求申请机构"在经济最困难社区中增加了服务"，"增加的幅度越大，奖励额度越高"，要求获奖机构"将奖金继续投资到本项目支持的活动中"，"每年奖励总金额的 10%以上投资于持续贫困县"，并对"经济最困难社区"和"持续贫困县"给出了明确定义。

又如，"CDFI 债券担保项目"可以为满足条件的申请机构提供长至 29.5 年、由联邦政府全额担保的低成本资金。债券发行方必须是一家 CDFI 或其指定方；能够发行债券和提供贷款，能够证明其具备贷款管理、财务报告的能力。债券发行方向 CDFI 基金申请，为符合条件的 CDFI 发行单只最小规模为 1 亿美元的债券。通过该项目筹得的资金可用于建设大规模社区发展项目，例如小企业发展项目、商业住宅、租赁住房单元、学校、幼儿园、医疗中心、老年人看护中心和乡村基础设施等。此外，发债的资金也可以借给其他 CDFI 或者为符合条件的存续贷款提供更

---

① 参考 CDFI 基金 2022 财年报告：https://www.cdfifund.gov/sites/cdfi/files/2023-01/CDFI_Fund_FY22_AFR_FINAL508.pdf。

表 13.2 社区发展金融机构奖励项目

名称	奖励对象	评比条件简述	奖励使用要求
银行企业奖励项目（Bank Enterprise Award Program）	联邦存款保险公司（FDIC）承保的银行或储蓄机构（Thrift）	• 对 CDFI 的投资和支持有所增加 • 在经济最困难的社区中向居民或企业增加了贷款或投资 • 在经济最困难社区中增加了服务设施或服务种类 • 增长幅度越大，奖励额度越高；同时考虑申请机构的 CDFI 认证状态和资产规模	• 获奖机构奖金继续投资到本项目支持的活动中 • 要求每年奖励总金额的 10%以上投资于持续贫困县（可以由部分获奖机构认领）
资本磁吸基金（Capital Magnet Fund）	在经济最困难地区开发或管理可负担住房、发展项目、社区设施的 CDFI 或非营利组织	• 申请机构必须是经过认证的 CDFI 或非营利组织，其主要目的是开发或管理经济适用房 • 申请机构必须证明，它们作为合法实体已存在日期之前，在该融资轮申请截止日期之前至少三年，并满足可用性通知中概述的任何其他资格要求	• 获奖者必须投资奖金额度的至少 10 倍于经济最困难地区的可负担住房（占比至少 70%）和发展项目 • 获奖者有 2 年时间将奖励投入项目，5 年时间完成项目

234　　读懂乡村振兴与乡村金融

(续表)

名称	奖励对象	评比条件简述	奖励使用要求
CDFI 债券担保项目（CDFI Bond Guarantee Program）	这是一个资本市场筹资渠道，可以为符合条件的 CDFI 提供长至 29.5 年、由联邦政府全额担保的低成本资金	债券发行方必须达到其指定方： （1）是一家 CDFI 或其指定方 （2）能够发行债券和提供贷款 （3）能证明其具备贷款管理、财务报告的能力 债券发行方向 CDFI 基金申请，为符合条件的 CDFI 发行单只最小规模为 1 亿美元的债券	• 筹资可用于建设大规模社区发展项目，例如小企业发展，商业住宅、租赁住房单元、学校、幼儿园、医疗中心、老年人看护中心和其他乡村基础设施等 • 发债的资金也可以借给其他 CDFI 或者为符合条件的已担的利率 • 筹得资金的 CDFI 可以用 5 年时间来部署承诺的资金
CDFI 公平复苏项目（CDFI Equitable Recovery Program）	支持经过认证的 CDFI 在受新冠疫情影响较大的低收入或中等收入社区的贷款和投资活动；该计划还使 CDFI 通过获取技术、人员和其他工具来进行能力建设，以能够执行公平复苏项目	申请机构必须是经过认证的 CDFI 具有在 CDFI 公平复苏项目合格地区提供服务的历史 满足某些财务管理标准 申请机构必须遵守所有未完成的 CDFI 奖励、分配或债券担保要求，并满足健全计划/财务安全的既定基准	奖励使用地区必须具有以下三个特点：（1）受到新冠疫情的严重影响；（2）低收入或中等收入人口普查区，领域，或者是原住民地区；（3）属于 CDFI 投资

第十三章　乡村金融的发展可以完全依靠利润最大化的机构吗　　235

（续表）

名称	奖励对象	评比条件简述	奖励使用要求
CDFI 快速响应项目（CDFI Rapid Response Program）	得到认证的 CDFI	不同于其他奖励项目是竞争性的，该快速响应项目旨在向所有符合资格①的申请机构提供奖励	向因新冠疫情造成的经济困难而陷入困境和服务不足的社区提供紧急支持
经济流动项目（Economic Mobility Corps）	为美国志愿队国民服务成员提供赠款，使其加入经过认证的 CDFI，以支持它们的金融教育计划	• 任何符合美国志愿队的州和国家直接拨款计划资格标准的组织都可以申请该奖项；这些组织包括经过认证的 CDFI 和其他金融机构、州和地方政府以及印第安部落、高等教育机构以及非营利组织 • 优先考虑打算招募退伍军人和计划为乡村地区服务的志愿队成员作为美国志愿队成员的申请人	• 赠款资金可用于资助志愿者的两年服务期限；在接受金融咨询和金融知识培训后，这些志愿者帮助 CDFI 推广、营销和提供各种金融咨询和金融规划项目 • 全职工作的志愿者可以获得生活津贴，并有资格获得 Segal AmeriCorps 教育奖，可以用该奖来支付高等教育费用或申请合格的学生贷款

---

① 参考 https://www.cdfifund.gov/sites/cdfi/files/2021-04/FY21_CDFI_RRP_NOFA_2021_04034.pdf。

（续表）

名称	奖励对象	评比条件简述	奖励使用要求
CDFI 项目 (CDFI Program)	该奖项旨在提高 CDFI 为低收入人群服务的能力，即为资金奖励（Financial Award，即 FA）和技术奖励（Technical Award，即 TA）	• FA 申请机构必须获得 CDFI 认证，同时必须证明其具有对其所服务的社区产生重大影响的财务和管理能力，满足以下 4 个标准： （1）能够提供价格实惠、适宜的金融产品和服务 （2）成为一家有活力的金融机构 （3）能够有效利用 FA 奖项 （4）有能力利用非联邦资金来利用其奖励 • TA 申请机构必须是经过认证或新兴 CDFI，新兴 CDFI 必须证明可以在获得 TA 后 3 年内获得认证	• FA 的资金用于支持 CDFI 的融资活动 • TA 为支持 CDFI 的能力建设活动提供赠款
本地倡议 (Native Initiatives)	通过 FA 和 TA 支持本地 CDFI，以此帮助原住民社区（美洲原住民，阿拉斯加原住民和夏威夷原住民社区）实现发展	• 要获得 FA 的资格，申请机构必须获得 CDFI 认证，并且必须确保至少 50% 的活动服务于美洲原住民，阿拉斯加原住民和/或夏威夷原住民社区 • 三种类型的组织有资格申请 TA：经过认证的本地 CDFI，新兴本地 CDFI 和赞助实体（主要为建议创建单独认证的 CDFI 的本地社区提供服务的组织）；	• FA 的资金用于支持 CDFI 的融资活动 • TA 为支持 CDFI 的能力建设活动提供赠款

（续表）

名称	奖励对象	评比条件简述	奖励使用要求
		新兴本土 CDFI 必须证明有能力在收到 TA 资助后 3 年内成为经过认证的本地 CDFI；赞助实体必须证明有能力创建一个新实体，该实体将在获奖后 4 年内成为经过认证的本地 CDFI	
新市场税收抵免项目 (New Markets Tax Credit Program)	社区发展实体（属于一种专门的金融中介）	• 吸引新的私人股权投资到低收入社区，或由目标人群经营的企业或目标人群的企业 • 社区发展实体需要满足关于融资状况、控制实体，合规状况等的要求。①	• 社区发展实体有 5 年时间向合格股权投资者提供税收抵免；抵免总额为原始投资金额的 39%，投资者在 7 年的期限内使用抵税额度 • 社区发展实体有 12 个月的时间将合格股权投资的"几乎所有"收益投资于合格低收入社区投资（QLICI），所得款项必须用于向合格企业或社区发展实体提供贷款或股权

---

① 参考 https://www.federalregister.gov/documents/2022/11/22/2022-25116/funding-opportunity-title-notice-of-allocation-availability-noaa-inviting-applications-for-the。

(续表)

名称	奖励对象	评比条件简述	奖励使用要求
			投资，购买其他社区发展实体发放的合格贷款，或为低收入社区的企业提供财务咨询
小额美元贷款项目 Small Dollar Loan Program	CDFI 基金提供：(1) 贷款损失准备金 (LLR) 赠款，使经过认证的 CDFI 能够建立贷款损失准备金，以弥补与启动相关的小额贷款损失、新的或扩大现有的小额贷款计划；(2) 为技术、员工支持和其他合格活动提供 TA 赠款，以使经过认证的 CDFI 能够建立和维持小额贷款计划	• 对于仅申请 LLR 赠款的情况，申请机构需要是经认证的 CDFI，或者经认证的 CDFI 与联邦存款保险机构之间的合作伙伴关系 • 对于仅申请技术援助的情况，申请机构需要是经认证的 CDFI，或者两个或多个经过认证的 CDFI 之间的合作伙伴关系 • 对于同时申请 LLR 和 TA 的情况，申请机构需要是经认证的 CDFI	赠款只能用于支持提供小额消费贷款的项目： • 金额不超过 2500 美元 • 分期偿还 • 没有提前还款罚金 • 向至少一个在全国范围内统计和维护消费者信用档案的机构报告贷款支付情况 • 授信标准考虑了消费者的还款能力

注："经济最困难的社区"定义为至少 30% 的居民收入低于国家贫困线且失业率至少为国家失业率的 1.5 倍的社区；"持续贫困县"定义为过去 30 年中贫困率至少达到 20% 的县。

资料来源：CDFI 基金 2022 财年报告。

可负担的利率（再融资）。

再如，新市场税收抵免项目旨在吸引新的私人股权通过社区发展实体投资到低收入社区，或由目标人群经营的企业，或雇用/服务目标人群的企业。社区发展实体有5年时间向合格股权投资者提供税收抵免，抵免总额为原始投资金额的39%，投资者在7年的期限内使用抵税额度。

合适的治理结构

美国、日本、荷兰、德国等合作金融机构的治理结构体现了成员参与、民主决策、所有权共享的合作原则，这种治理结构推动了合作社的成功及其会员和所服务社区的福祉提升。信用合作社和农业合作社等合作金融机构由其会员所有。会员在其自身群体中选举董事会，负责监督运营、制定战略方向，并做出符合合作社、会员和当地社区发展最佳利益的决策。这种参与性方法培养了会员的主人翁意识、集体责任感和对合作社成功的长期承诺，促进问责制、透明度和会员的广泛参与，成为这些机构可持续发展的关键原则。

与合作金融类似，德国储蓄银行的治理结构注重地方代表性、成员参与、合作原则、地方监督和区域合作，支持其可持续发展。虽然储蓄银行不是传统意义上的合作社，但它们通常将合作治理原则纳入其结构中。储蓄银行通常允许该地区的个人、企业和公共实体成为会员，并在机构的治理中拥有发言权，以确保决策是集体做出的，符合储蓄银行及其成员的最佳利益，而不是仅仅关注利润最大化。这种合作方式支持储蓄银行的长期可持续性和以社区为导向的重点。这样的治理结构确保储蓄银行扎根于其社区，响应当地需求，并对会员和利益相关者负责，最终为其服务地区的长期稳定和繁荣做出贡献。

此外，美国的 CDFI 也具有发挥关键作用的治理结构[①]：一是使命对齐。CDFI 通常有一个强大的使命，即为服务不足的社区提供金融服务并促进经济发展。治理结构确保董事会和管理层与这一使命保持一致，优先考虑它们所服务的社区的需求和利益。这种使命驱动性质有助于指导其战略决策和资源分配，促进可持续发展和长期影响。二是社区代表。CDFI 的董事会或顾问委员会中通常有来自其所服务社区的代表。这种社区代表确保目标社区的声音和观点被纳入决策过程，它帮助 CDFI 更好地了解服务欠缺地区的独特挑战和机遇，并调整其计划和服务以满足社区需求，促进可持续发展。三是利益相关者参与。CDFI 积极与各种利益相关者合作，包括社区组织、政府机构、投资者和借款人。治理结构促进协作和伙伴关系，确保利益相关者参与 CDFI 的战略方向、政策和活动。这种参与有助于 CDFI 与其社区不断变化的需求保持联系并有效应对，从而实现可持续发展成果。四是财务责任。

---

① 参考 CDFI 基金 2022 财年报告：https://www.cdfifund.gov/sites/cdfi/files/2023-01/CDFI_Fund_FY22_AFR_FINAL508.pdf。

CDFI通过其治理结构维持财务责任。董事会监督机构的财务管理、风险管理和合规性，确保CDFI以财务可持续的方式运营，在履行其使命的同时有效管理风险。健全的财务治理实践有助于CDFI获得资金、吸引投资者并保持利益相关者的信心，从而为其长期可持续发展做出贡献。五是治理能力建设。CDFI的治理结构通常包括董事会成员和工作人员的能力建设和专业发展机制。这有助于增强有效管理和治理组织所需的专业知识和技能。强大的治理能力可提高运营效率、风险管理和战略决策，支持CDFI的可持续增长和发展。

形成了"上天下地"的完整体系

双重目标乡村金融机构通常诞生并持续存在于与农民、乡民最接近的地方，但其持续经营不仅需要情怀和使命，还要求它们拥有能够融入整个金融体系的发展条件，尤其是具备韧性的、与资本市场和大金融机构连通的资金来源，以及与其他金融机构相近的功能性和安全性。

首先，纵观美、日、荷、德四国的双重目标金融机构，它们都具备在资本市场发行债券融资的畅通渠道。不仅如此，许多双重目标金融机构还可以发行资产支持证券作为补充的资金来源。例如，美国的信用合作社和农场信贷协会都可以发行资产支持证券。不仅如此，近年来美国CDFI的资产愈加受到资本市场的青睐，因为它们符合投资者对贷款机构的社会影响力的要求。① 此外，美国联邦农业抵押公司还可以为农业贷款机构、农业企业等提供信贷二级市场。又如，荷兰的合作银行可以选择发行合作资本工具，这种工具代表了次级债务，投资者购买合作社证书来支持合作社的资本基础。合作社证书为合作社成员和外部投资者提供了投资合作社的机会，同时为机构提供了资金来源。再如，德国的合作银行可以发行担保债券，即由特定的优质资产池（例如抵押贷款或公共部门贷款）支持的专门债券，通常评级较高。金融合作社通过发行担保债券，可以进入资本市场筹集资金，同时为投资者提供较为安全的投资机会。

其次，双重目标乡村金融机构还可以从其他金融机构获取融资，同时也为没有乡村网点的大型金融机构提供了支持乡村发展的渠道。

美、日、荷、德的合作金融机构以及德国的储蓄银行都可以通过银行间借款、发行存款证、银团贷款以及批发融资市场等从其他金融机构融得资金。大型金融机构还可以向这些双重目标金融机构提供信贷额度，方便需要时即时提取流动性。

此外，美国 CDFI 中的两类非存款机构，即贷款基金和风险投资基金，也可以获得其他金融机构的投资。具体而言，贷款基

---

① 参考 https：//www.cutimes.com/2023/04/13/credit-unions-now-factor-in-secondary-capital-asset-securitizations/?slreturn=20230602221922。

金大部分是非营利的，除了来自慈善、宗教机构或个人的资金外，也可以获得银行和保险机构的融资；[1] 风险投资基金与大型金融机构的合作方式更加多样化，大型金融机构可以作为有限合伙人（LP）投资社区发展风险投资基金，也可以与它们共同投资，或者大型金融机构运营的基金中的基金（Funds of Funds, FOF），也可能部分投资于这些致力于乡村发展的风险投资基金。

举例而言，美国银行官网显示，该银行目前是 CDFI 最大的私人部门投资者，向 250 多个 CDFI 合作伙伴提供了超过 20 亿美元的贷款、存款、资本赠款和股权投资。[2]

再次，日、荷、德三国的合作金融体系具有类似于中央银行的支持机构，帮助小型的合作金融组织实现更完整的金融功能和市场权益。中央合作金融机构（日本的农林中央金库、荷兰合作银行、德国中央合作银行）可以向其成员机构提供的服务包括，支付清算、证券结算和资金运营等集中服务，短期流动性便利，流动性风险管理指导，信用风险、市场风险和操作风险管理工具，进入批发融资市场的机会，协助发行债务证券并为资本市场交易提供支持，为合作银行提供战略事务、财务规划和业务发展、投资策略和监管合规方面的咨询，对各种经济和金融市场趋势进行研究和分析，并在国家和国际层面代表合作银行的利益。

---

[1] 参考 https://cdfi.org/about-cdfis/cdfi-types/。

[2] 参考 https://about.bankofamerica.com/en/making-an-impact/cdfis。

相较而言，美国的信用合作社更加分散，但同样有若干家联邦和州特许的企业信用合作社（Corporate credit union）作为"信用社的信用社"，为它们提供后台业务和清结算支持。[1]

最后，上述双重目标金融机构中的存款机构都具备与本国一般储蓄机构相当的存款保险机制。虽然合作金融机构本质上是会员互助组织，但资金的安全性对于存款会员的信心是非常必要的，也是吸储机构能够持续运营的基本条件。

"金融+赋能"的发展模式

双重目标金融机构之所以能够在传统金融机构难以实现商业目标的"非理想客群"中持续运营，还有非常关键的一点是，这些双重目标金融机构往往都采用了"金融+赋能"的发展模式。这在一定程度上把"寻找好客户"转化为"创造好客户"的过程。

例如，位于美国路易斯安那州巴吞鲁日的鹈鹕州[2]信用合作社[3]于2006年开始向受到掠夺性贷款等债务困扰的会员提供一对一的信用咨询，帮助他们了解和掌控自己的财务状况，逐步减少

---

[1] 美国"信用社的信用社"也由它们所服务的信用社所拥有。20世纪80年代之前，几乎每个州都有一家。后来行业呈现出归并整合趋势，到2023年8月仅有5家联邦特许、6家州特许的"信用社的信用社"。参考 https://mapping.ncua.gov/ResearchCreditUnion。
[2] 鹈鹕是路易斯安那州的州鸟，"鹈鹕之州"还是该州的官方昵称。
[3] 该信用社也是一家CDFI。

失控"现金贷"、过高债务负担等问题，向能够从信用社获取贷款的会员转变，最终实现购房置业等家庭目标。① 又如，作为内嵌于农协当中的事业部，日本的农业合作金融可以在向会员提供金融服务的同时提供农技、销售、采购等方面的支持。再如，荷兰合作银行在荷兰创办了支持乡村发展的拉博企业家学院（Rabo Entrepreneurs Academy），提供一系列关于可持续创业等主题的课程。② 类似地，德国储蓄银行从1958年开始对客户开展金融教育，目前每年发出约85万份金融教育手册、开展约1000场讲座，提供的在线财务规划工具每年使用人数达到40万人。③

综合上述国际经验，我们可以得到如下三点关键启示：

第一，乡村发展的特殊性使得双重目标乡村金融非常必要。

乡村发展的特殊性主要体现在两个方面：一方面，农业具有天然的公共属性和特殊的风险性。农业不仅关乎经济社会稳定，也面临自然和市场等多重风险，使其成为乡村发展的关键点。全球化的警钟以及极端天气加剧了农业的风险性，使农业在每个时代的乡村发展中都扮演着特殊角色。另一方面，乡村人口稀少对产业规模经济和公共品供给构成挑战。大多数国家都在持续的城

---

① 参考鹈鹕州信用合作社官网：https://www.pelicanstatecu.com/personal/free-credit-counseling。
② 参考荷兰合作银行2022年年报。
③ 参考德国储蓄银行金融集团的金融咨询服务机构官网：https://www.geldundhaushalt.de/ueber-uns/。

镇化进程中，乡村人口减少，且乡村本身就是人口稀少的地方，这意味着乡村地区需要解决产业规模经济和服务供给方面的问题。例如，公共交通、儿童保育、医疗和养老等领域面临挑战，老龄化问题也需要特别关注，这些挑战对于乡村地区的可持续发展具有重要影响。双重目标金融之所以会在农业或乡村整体发展过程中出现，正是因为利润驱动为主的金融难以满足发展需求，也就不足以应对乡村发展的关键挑战。

第二，政府应该在双重目标乡村金融的发展中发挥重要引导作用。

一方面，政府需要为双重目标乡村金融的发展提供"指路牌"，坚定不移地推动实现城乡居民福祉平等的政策目标，如日常生活条件、医疗、教育、社会保障、金融包容性等，持续引导金融服务供应商参与解决乡村发展问题。

另一方面，政府可以为双重目标乡村金融搭建法律基础，并通过机构类别和机构行为等方式有效识别双重目标金融机构，提供多样化的政策激励，为不断吸引社会资源支持乡村和双重目标金融机构的发展推出可操作性强的工作机制。

第三，可持续发展的双重目标乡村金融需要适当的治理结构和通达的生态体系。

双重目标乡村金融需要有适当的治理结构来支持机构的可持续运作，这是让商业决策兼顾发展目标的根本。可以说，如果乡村金融机构的治理结构没有体现商业利润之外发展诉求的机制，那么想让这样的机构来持续支持乡村均衡发展是不切实际的。

与此同时,由于乡村人口相对稀少,能够长期存在于当地社区的金融机构在单体规模上必然是较小的。这些小体量机构如何才能够持续地提供多样化的、安全的、与同时代其他金融机构相当的服务?我们认为需要一个通达的生态体系,通过多层次的同业支持,让资本市场、大金融机构等各展所长参与其中。

不仅如此,双重目标乡村金融机构还应该与促进乡村发展的政府部门、非金融供应商密切合作,持续地开展与乡村发展相关的赋能项目,如金融教育、乡村创业、企业治理、供应链管理、财务管理等。

正如《欧洲的储蓄银行与合作银行》[①] 一文的作者所言:"适当的商业模式是坚定地根植于本地经济,并雄心勃勃地在盈利与实现客户(发展)目标之间取得平衡;适当的制度安排是嵌入由金融机构和非金融机构组成的分散而稠密的网络中。"

---

① Bülbül, Dilek; Schmidt, Reinhard H.; Schüwer, Ulrich (2013): Savings banks and cooperative banks in Europe, SAFE White Paper, No. 5, Goethe University Frankfurt, SAFE-Sustainable Architecture for Finance in Europe, Frankfurt a. M., https://nbn-resolving.de/urn: nbn: de: hebis: 30: 3-315535。

第十四章 如何打造乡村金融的优质生态

当我们明确了乡村金融优质生态的重要性，如何做就是下一步的事情，这将会是一个长期且动态的过程。社会、经济、技术、人文都在变化，乡村金融生态当然也需要持久进化。这听起来也许会有些宏大复杂，但通过前面章节的讨论，我们已经逐渐捋出了其中最关键的几个领域。

明确定位

对于一项长期而宏大的社会工程而言，定位关系着我们往何处去，关系着巨量资源的流向，其重要性不言而喻。

定位乡村全面发展中的全面需求

无论我们心目中的乡村是大漠孤烟，还是良田硕果，乡村振兴的图景中一定要有的是"过得好"的人。"过得好"不代表一直高兴幸福，不代表无忧无虑，因为我们生活在只有变化不会变的世界中。至关重要的是，"过得好"的人应该拥有公平发展的机会和空间。

乡村里有哪些人呢？其实和城市在本质上没什么区别，都是居民，只不过居住的地点、从事的行业不同罢了。然而，长期以来，我国的乡村和城镇被区别对待，从新中国成立初期的"剪刀差"价格政策，到改革开放以后不同的城乡房屋产权和土地政策，以及有利于劳动力和资本向城镇流动的政策。于是，在我们的印象中，乡村居民可能是农民，可能成为短期或者长期的"农民工"，再进一步可能变成"新市民"。这些是大众传媒中所表现的乡村居民的突出形象，从而让人容易忽视仍然从事农业的乡村居民，认为农业已经大概率不是他们的主要收入来源。[①]

2018年9月，中共中央、国务院在《乡村振兴战略规划（2018—2022年）》中，提出了建设"产业兴旺、生态宜居、乡风文明、治理有效、生活富裕"的乡村的总要求。与以往政策相比，乡村振兴不再把乡村视作单纯的农业产业基地，而是居住着富裕居民的美好乡村。

居民如何才能富裕呢？我们在第一章已经讨论过：有业可就，有书可读，病有所医，老有所养。这听起来似乎是简单而浅显的道理，但对于许多乡村居民而言，我们着实需要更立体地理解其中的含义，也就是在金融部门视角中，乡村家庭、小微经营

---

① 本书第二章对此进行了专门讨论。

主体等乡村微弱经济体的市场定位问题。

面对乡村家庭，我们需要摈弃简单地为其农业生产提供金融服务的视角，全面地看待家庭以生活福祉最大化为目标、多用途的、全生命周期的发展需求和相应的金融需求，并为此着力畅通乡村产权、数据的价值实现渠道。也就是说，如果我们现在有专门关注"农户贷款"的全面视角，应该看到他们在非农业生产中的金融需求，也看到他们作为居民家庭在消费中的信用支付需求、在抵御无常中的各类保险保障需求、在实现发展目标中的理财需求等。

面对县域范围内的经营主体，我们需要认识到大量的小微经营主体并不是纯粹的企业，而是兼有家庭经济的特征，甚至可能没有注册登记。这意味着，针对小微企业的金融、财政和税收政策对他们是有所忽视的。我们需要看到这些需求、这样的市场主体，支持乡村创业的活力。

不仅如此，作为自然人和企业居民，乡村基础设施和公共服务的需求也应当被看到。如何创造性地应对乡村在基础设施和公共服务中的先天弱势（例如人口相对稀少），也是乡村金融在乡村振兴进程中的重要使命。

定位双重目标

优质的金融生态首先应该是可持续的，长久的生存才能不断进化出适合的样子。如何才能长久生存呢？长久生存应该是拥有存在合理性的生存。

对于金融机构来说，定位双重目标或许会让人觉得有些理想主义，但从实践经验来看，双重目标能够让金融机构更好地看到和了解乡村，发掘需求的痛点与供给的机会，这可以帮助乡村金融机构解决长久生存问题，类似于要找到存在的理由。

这并不是说利润最大化的机构不能服务乡村。我们在前面一章对此进行了专门讨论，其中也展示了部分乡村金融服务仍然是由利润最大化机构提供的。但是，如果我们着重回顾双重目标金融在乡村出现的契机，可以看到，双重目标金融之所以会出现，正是因为利润最大化的机构难以满足需求。

我们可以假设有这样一家利润驱动的机构，它在经济环境好的时候拨出资源在乡村提供一定量的服务，但盈利状况不及在城市提供的相应服务，只是将其作为获利之后履行社会责任的渠道。但是，假设经济环境变得不利，机构盈利减少，股东自然有权利要求机构对服务进行调整，这时关闭乡村的服务就会变得理所当然。

双重目标的乡村金融则会很不一样。它们是从乡村市场的需求中生长出来的，从一开始就面临着乡村市场的现实条件，会因此锤炼商业模式，并不断地更新对乡村市场的理解，积蓄在乡村持续存在的能量。经济的起伏当然也会对其产生影响，但更深度的适应性和更紧密的关系会让双重目标乡村金融拥有更大的生命力和更小的停止服务的可能。

构建基础设施

从前面几章的讨论我们可以看到，扎根乡村的金融服务是可以参与自由市场竞争的，是可以自力更生的，但这需要一个过程，需要一个生态来支持和哺育这样的金融服务。当良好的乡村金融生态建立起来之后，商业可持续的双重目标乡村金融可以自然地随着乡村发展而进化，为生生不息的美好乡村提供流动性、缓冲垫和助推器。所以，对构建乡村金融基础设施的投入是一项有巨大回报的事业。

立法和政策支持

正如前文中的讨论，未来一段时期，乡村金融需要重新定位双重目标：不仅要让银行和其他乡村金融机构走在盈利的路上，还要确保它们成为乡村发展的引领者。这些金融机构不仅仅追求利润，更重要的是，它们的业绩将以社会责任的履行作为衡量标准。然而，截至目前，我们国家主要通过《中国人民银行法》、《商业银行法》和《银行业监督管理法》来监管银行。这些法律适用于所有金融机构，包括那些在乡村开拓新模式的小银行，确保它们按照商业运营的规范来管理。由于乡村金融机构在实践中具有"双重目标"性质，按照商业银行进行监管已经制约了乡村金融的发展。如果我们有专门的"乡村银行法"或"社会银行法"出台，并在立法的同时为这些双重使命的金融机构提供合适的政策框架，将引导更多金融服务供应商更有力量地投身于支持乡村振兴的大潮中。在当今中国，这将不只是对现有金融体系的重大升级——双重目标金融作用于经济社会，更是面向可持续发展的新发展阶段。

参考国内外经验，我们认为以下几个方向是特别值得在立法和政策层面进行探索的。

首先是识别双重目标金融机构。要找到真正拥有"双重目标"的金融机构，我们需要打造一套科学的评估体系，让它们从众多竞争者中脱颖而出。这可能需要结合国内经济社会和金融发展的实际情况，通过客观和主观指标，精准识别出那些在实际工作中真正践行"双重目标"的金融机构。这种认证不仅是对它们工作的肯定，也为更多商业金融机构转型成为"双重目标"机构提供了明确的示范和动力。

其次，对于双重目标金融机构的发展给予包容性监管空间。这包含两类对象——已经存在的，通过创新或学习他国经验有潜力成为双重目标金融机构的。

对于已经得到识别的双重目标金融机构，我们可以根据行业的成熟程度在监管上给予不同于纯商业机构的特殊支持，结合乡村金融业务的独特特点进行专业监管。乡村经济的特性使得其金融需求与传统监管规定之间常常存在不匹配的情况，比如农业投资周期长、现金流有明显的季节性波动等。尽管我国已经通过差异化监管和考核来鼓励金融机构为乡村地区提供更好的服务，但未来的监管可以更加注重双重目标的视角，并根据生态体系的成熟程度进行调整。

此外，一些乡村金融服务的空白可能会由新型金融组织来填补。但是，如果没有适合的空间和土壤，新型的金融服务将难以生长和存活。举例来说，合作金融在许多国家的农业合作组织和企业中都发挥着重要作用。作为内嵌于社会组织的金融形式，合作金融能够更有效地缓解乡村金融市场中信息不对称等问题。我国少数地方也自发形成了有效的资金互助机制。然而，近年来，合作金融在试点推广中却面临诸多限制。如果能够在监控金融风险的同时给予其足够的成长空间，例如建立专业指导/咨询制度、制定适度宽松且具有稳定性的监管规则、完善试点和风险隔离的长效机制等，我们将有机会看到更多良性金融创新的诞生。

除了识别和监管，对于双重目标金融机构的财税、金融等领域的配套支持也是大有可为的。财税支持的例子可以包括，对于直接投身于乡村振兴的金融机构的利润，或者金融机构支持乡村振兴的项目或服务所产生的收益，给予一定的税收优惠；对于各类社会资本以"社会责任投资"目标入股乡村金融机构的，可以给予一定的税前抵扣额度等。金融领域的例子可以包括，搭建和丰富乡村金融机构获得批发资金的渠道，为它们在资本市场发行债券或者资产证券化提供便利或者担保等。

数据治理能力

数据治理的成功取决于多方面因素的协调，如技术、政策、管理和文化。提升数据治理能力不仅仅是一项技术挑战，更是一个综合性的战略任务。

最近几年，地方政府对数据的重视程度越来越高，纷纷尝试打造政府数据开放平台。虽然在城市和重要产业领域，数据的整合已初见成效，但是在乡村地区，数据采集工作仍然需要加强。仅有少数地区较为全面、持续地采集了乡村地区的经济社会数据，如农户家庭和新型农业经营主体的基本信息，土地的确权和流转、农业补贴、农业保险、农村合作医疗、农业气象等信息。

地区之间的数据采集差异让我们意识到统筹推进乡村数字"新基建"建设的重要性——我们需要尽可能避免新型"数字鸿沟"的扩大。由于各地对数字经济发展的重视程度不同，以及乡村经济主体（如农户和小微企业）的数字化转型程度不同带来的重大差异，一种新的"数字鸿沟"可能正在形成。数字"新基建"是建成面向未来的、高效率的数字乡村的基础，有必要更加均衡、统筹地推进，甚至给予基础薄弱的地区更多关注和支持。

就像建造一座房子需要先准备好原材料一样，数据采集是确保数据库里有足够材料的过程。然而，数据治理的全景远不止于此。随着数据的积累和使用需求增加，我们需要关注如何管理这些数据、保护它们的安全性和隐私，以及如何确保数据质量和合规性。这就像在房子建成后，你还需要确保房子结实、安全、舒适、符合建筑标准和法规一样重要。在此基础上，如何活化数据、建立工作机制来获得乡村发展洞见，支持决策制定，甚至创造新的商业模式，则是数据治理发挥作用的重要环节。

在各地可利用资源各异的背景下，我们可以从全国各地的实践中汲取宝贵经验，总结出可在更多地方复制和推广的乡村数据治理模式。这种努力不仅能够帮助我们发现和借鉴成功的做法，还将推动整体数据治理能力的提升。

乡村信用信息平台

当前乡村信用信息平台建设还面临法律风险以及层级和能力限制。

在法律风险方面，我国《征信业务管理办法》第四条规定，"从事个人征信业务的，应当依法取得中国人民银行个人征信机构许可"；第十二条规定，"征信机构采集个人信用信息应当经信息主体本人同意，并且明确告知信息主体采集信用信息的目的。依照法律法规公开的信息除外"。然而，截至 2024 年末，人民银行共颁发了三张个人征信业务牌照，在难以获得个人征信机构许可资质的情况下，乡村信用信息平台面临着合规风险。与此同时，信用信息平台通常采集的户籍、信贷、社保等都属于非公开信息，相关部门负有保密义务。信用信息平台一方面受限于信息主体授权机制的不完善，通过系统交换采集个人信息时难以获得信息主体同意，另一方面也难以监督使用信用信息的金融机构是否遵从了相关规定。这些问题都使信用信息平台面临法律风险。

在层级和能力限制方面，目前大部分乡村信用信息平台都是以县域为范围建设的，不仅在投资规模、技术标准、管理主体、运营模式以及功能定位上存在较大差异，造成平台之间互通困难、形成"信息孤岛"，从县域层面打通银行、税务、诉讼等重要信息通道也面临较大挑战。多数乡村信用信息平台未形成专业的、与市场需求保持互动的运营组织和团队，导致平台的信用信息管理水平不足，使用体验不佳，难以开发出适应市场需求的信用产品。

相应地，乡村信用信息平台的建设需要超越乡村、县域视角，在制度、技术上统筹推进。一方面，我们需要明确乡村信用信息平台的资质和数据权责。乡村信用信息平台未来将汇聚越来越多的数据，政府和监管部门需要在制度上明确区分其与个人征信机构的异同，优化信息主体的授权机制，明确平台的数据权责，为乡村信用信息平台真正活起来、数据真正被用起来扫清制度障碍。另一方面，我们需要探索形成"自上而下"的数据共享机制和基本统一的管理机制及技术标准。例如，通过从国家、省级层面打通银行、税务、诉讼等重要信息渠道，逐渐形成基本统一的乡村信用信息平台管理机制和技术标准，实现不同地区平台之间的互通性，在平台的基础设施属性与市场化服务之间探索平衡点，与市场需求保持互动，持续优化服务、发挥赋能作用。

活化乡村金融市场

乡村金融的优质生态意味着活跃而丰富的市场，能够覆盖支付、储蓄、信贷、保险、理财等不同需求和生命周期的产品和服务，满足多样化、多层次的金融需求。为了实现这个目标，我们需要不同的金融机构各展所长、竞合创新，而不是争相提供同质化甚至并不适合机构自身禀赋的产品和服务。

在实践中，我们不难看到金融机构在不同的业务中或者业务的不同层面面临"心有余而力不足"的困境。例如，开发了在线产品却在乡村推广中遇到困难，或者按照现有的商业模式难以在乡村实现可持续经营。但是，一家金融机构不必提供所有服务——即使单看贷款，市场也有诸多层次，例如，10万元、30万元、100万元、500万元的贷款可以由不同的贷款技术支持。金融机构可以首先明确自身的使命、资源与潜力，然后找到可以在乡村金融市场中合作借力的伙伴。

线上与线下的合作

不可否认的是，我们不可能让乡村具有与城市相同的金融机构物理分布或者密度。但是，通过数字金融服务却是有可能实现更全面服务的。为了让多样化的数字金融服务落地乡村，线上与线下的合作至关重要。长远来看，即使大部分服务都实现了线上化，线下的服务点依然扮演着重要角色。前面我们讨论过的助农取款服务点就是一个很好的例子。未来，我们需要通过技术和制度的创新和完善，不断丰富金融服务的种类，优化金融业务流程，以确保线上与线下的合作更加有效、更加顺畅。这种深度融合将为乡村居民带来更便捷、更可靠的金融服务体验。

本地化小机构与资金方、技术方的合作

扎根乡村的本地化小型金融机构往往在资金规模和成本上处于劣势，也难以在技术上进行大规模投入，却拥有直接面对乡村客户的优势。这并不是我国小型乡村金融机构面临的独特问题，美国的许多社区发展金融机构也非常符合这个特征。在乡村没有直接触手的高盛、美国银行等大型金融机构，纷纷通过向这些本地化小机构提供资金和赋能来间接支持乡村发展。同时，这些本地化小机构也通过与金融科技企业合作的方式解决技术问题。为了规范类似的合作关系，2024年5月，美联储与联邦存款保险公司、美国货币监理署共同发布了题为《第三方风险管理——给社区银行的指南》的监管与规范函，对社区银行与第三方合作关系中的风险管理进行了讨论，并分析了第三方关系的生命周期和治理问题。

跨金融子市场的合作

不同子市场的金融服务可能是互相增益的——通过专业服务的协同合作，如"保险+期货+银行信贷""创业投资+银行信贷"

等，可以促进乡村各类经济主体更好地发展。其中，"保险+期货+银行信贷"就是运用"保险+期货"作为收入稳定器，而后银行基于较为稳定的收入提供贷款的产品；"创业投资+银行信贷"则是由创投机构提供耐心资本，由银行来提供成长资金。这都要求不同金融子市场的机构形成有效的合作机制。

金融机构与供应链、产业科技的合作

在乡村数据治理能力尚需提升的情况下，从供应链和产业科技入手，可以更快速地洞察金融需求的具体场景，从而创造出更贴近实际需求、有充分数据支持的数字普惠金融产品。举例来说，结合农业和金融科技，可以推出像"数字农业保险"和"数字保证保险信贷"这样的产品。这些创新在能够为乡村提供更好金融保障的同时，促进农业和乡村经济的可持续发展。

布局能力建设长效机制

过去十年，我国普惠金融发展成效显著，金融服务的可得性得到了持续提升，移动支付的使用率更是走到了世界领先的位置。但是，我们需要始终牢记的是，金融服务不是目的，向低收入人群提供金融服务的初衷是希望他们利用金融工具改善生活、增加福祉。从国内外研究证据来看，只强调金融服务的可得性不一定能够改善中低收入人群的状况，让金融发挥作用，还有其他决定因素，比如民众对金融的认知水平、金融环境的赋能作用。

具体到乡村层面，消费者可能因为缺乏金融知识和经验，不知道如何使用金融服务。商业机构也可能打着普惠金融的名号，利用消费者在认知和信息上的弱势，把不合适的服务销售给了消费者，进而导致"金融隔阂"的产生。金融行业需要关注这种隔阂的存在，通过行业实践扭转消费者对于金融产品，尤其是保险产品的不信任感。

这意味着，在搭建好的乡村金融生态的进程中，我们还需要一个赋能的金融环境，让广大乡村消费者有能力做出符合自身利益的金融决策。这将需要金融部门协调教育、市场监督管理、公检法等利益相关方，共同布局金融能力建设的长效机制。

建设金融能力干预素材库

截至目前，监管部门、地方政府、金融机构主要采用了金融诈骗宣传、金融知识讲座、发放宣传材料等金融教育形式，各地、各层次金融教育活动水平不一，缺乏体系化的安排，还可能存在大量的重复投入。在数字时代背景下，建设更高效率的金融能力干预素材库的时机已经成熟，就像可以根据个体需求叠加灵活性的统一教材一样。

我们认为理想的金融能力干预素材库应该具有基础信息即时可得性、进阶信息功能化和进阶信息自适应的特征。

基础信息即时可得性——提供具有公信力、易于获取关键信息的入口。例如,搭建一个可以查询各类金融服务供应商资质的统一平台,或是一个可以随时、按需了解基础金融概念的平台,如此赋能普罗大众及时获取最基础的决策信息。为了让这样的平台或者服务好用,我们还需要特别注意从消费者的角度出发来进行设计模块划分,譬如,"查金融机构资质""最新金融诈骗案例"等,和接下来要提到的功能导向的素材框架相对应。

进阶信息功能化——以功能为导向建立素材主题框架。例如收支管理、储蓄、投资、信用和债务管理、养老规划、欺诈预防和应对等,在框架下提供认识和使用金融产品和服务、应对金融风险的"经验法则",让素材与当今日常经济活动息息相关且易于理解和应用。归集参与金融活动需要的"工具包",如年化利率计算器、信用卡成本计算器等。

进阶信息自适应——尤其是难度和风格的自适应。例如,针对数学基础不一样的群体,讲述复利概念的方式和进度可以有所不同。又如,针对文化背景不一样的群体,讲述同样的概念可能需要转变为不同的本地化词汇。依靠数字媒体技术,可以建立起"AI 自适应"功能的"素材库",包含文字、视频、互动 AI 课程以及游戏等多样化形式,通过不同机制提供给学校、金融行业、企业、社会组织以及个人使用。当前的技术已经可以实现以上"有难度、风格适应性"的设想,只是尚需投入教研工作。

第十四章 如何打造乡村金融的优质生态

形成全生命周期适时干预机制

在丰富素材库的基础上，我们认为形成全生命周期适时干预机制将是长效机制建设的重要环节，这关乎能力建设的实效。

在现实世界中，需要金融能力建设的对象几乎包含了所有社会群体，不仅仅是学生，不仅仅是老年人，甚至金融专业人士通常也只是在少数而非所有金融细分领域经过了专业训练。

过去一些年来，越来越多的研究指出金融教育需要从小抓起，也有许多国家将金融教育有机地融入从小学到中学的课程体系，根据学生数学、社会知识的增长而进阶。例如，小学生可以在数学课上认识钱币并进行计算，在社会课上了解银行是什么样的组织。这些都是非常重要的进展，为新生代能够从金融角度思考问题奠定了基础。

不过，我们都知道从学校学到的知识仍不足以令我们过好一生，金融知识同样如此。在社会变迁和技术进步的进程中，金融的结构、市场的状态、产品的形态都会发生改变，金融知识也需要更新。不仅如此，金融知识只是金融能力的一部分，金融能力还包含金融技能、金融态度和金融行为。我们凭借自己的生活经验可知，知识不一定能够转化为行动，就像知道减肥需要少吃碳水化合物却不能坚持履行一样，金融知识也并不总能转化为符合自身优先利益的金融行为。

怎么办呢？我们需要形成针对"可教导时刻"的适时干预机

制。每个人的生命周期都会经历一系列类似的金融决策时刻，我们可以结合认知和行为学研究，围绕这些时刻开展"适时"的金融能力建设。例如，针对日常生活中使用最为频繁的数字支付，可以通过支付界面的设计提供核实收款人的提醒，以及诈骗识别技巧的通道；针对信用/贷款服务申请人，可以在信用审核完成、发放授信前，提供简短的信用和债务管理知识及技巧的讲解和测试，并提供进一步学习的资源入口；① 针对新入职员工，雇主可以在新员工培训中为他们提供家庭金融规划学习资源（包括置业贷款、医疗和养老规划等）；针对新手父母，可以通过医院或社区派发子女教育资金规划的学习资源；针对投资者，可以在开户时进行重点内容的强制学习，或者通过游戏型的小程序让投资者进行年度通关游戏。总之，"适时"干预就是要探索抓住凯泽等人（2017）所强调的"可教导时刻"进行尽可能更有效的金融能力建设。②

开展针对弱势群体的金融能力建设

面向教育水平以及经济禀赋处于相对弱势的群体，"活动式"的短期金融能力干预可能收效更为有限。还有一种解决方案是以

---

① 就像格莱珉模式向赤贫妇女提供的金融教育一样。
② Kaiser, Tim, and Lukas Menkhoff. "Does financial education impact financial literacy and financial behavior, and if so, when?" The World Bank Economic Review 31.3 (2017): 611-630.

社区或村作为据点，通过培训社区/村层面的工作者，向其提供持续的支持，由他们基于较为成熟的"素材库"，面向弱势群体提供相对长期的金融能力建设。在此基础上，也可以通过数字渠道提供远程的专业答疑和支持。